优等生必知国学智慧书系

优等生一定要知道的成语典故

编著
邵勋潜

花山文艺出版社

图书在版编目(CIP)数据

优等生一定要知道的成语典故 / 邵勋潜编著. – 石家庄 : 花山文艺出版社, 2011.9(2021.6 重印)

("读·品·悟"优等生必知国学智慧书系)

ISBN 978-7-5511-0329-9

Ⅰ.①优… Ⅱ.①邵… Ⅲ.①语文课 – 课外读物

Ⅳ.①G634.303

中国版本图书馆 CIP 数据核字(2011)第 191710 号

丛 书 名:优等生必知国学智慧书系

书　　名:**优等生一定要知道的成语典故**

编　　著:邵勋潜

策　　划:张采鑫

责任编辑:卢水淹

责任校对:齐　欣

特约编辑:李文生

全案设计:北京九洲鼎图书有限公司

出版发行:花山文艺出版社(邮政编码:050061)

　　　　　(河北省石家庄市友谊北大街 330 号)

销售热线:0311-88643221

传　　真:0311-88643234

印　　刷:永清县晔盛亚胶印有限公司

经　　销:新华书店

开　　本:650×1080　1/12

印　　张:11

字　　数:120 千字

版　　次:2011 年 9 月第 1 版

　　　　　2021 年 6 月第 2 次印刷

书　　号:ISBN 978-7-5511-0329-9

定　　价:36.00 元

前言

　　学生爱听故事，这种爱好几乎是与生俱来的。所以，课外读物应该是故事性的。而作为课本，因为课文体裁不同，加之篇幅有限，就很难做到这一点。

　　本书根据教育部最新制定的《义务教育语文课程标准》建议阅读书目编写。全书近100个成语典故，按汉语拼音顺序排列，体例上由出典、释义、故事和赏析四部分组成。在成语和故事的选择上，本书充分考虑到学生的阅读兴趣和需求，能快速提高学生的语文理解水平，帮助学生深入了解中国古代文化。本书故事生动、有趣，成为别具一格的学生课外辅导读物。

　　本书内容没有离开课本，但比起课本中的课文来，内容更丰富、形式更活泼、阅读更有趣。它把略嫌枯燥的课文，又带回学生所喜爱的故事境界。学生在课外阅读这些有趣的故事时，既能在积极愉快的氛围中身心得到放松，同时还能获得知识、明白道理、启迪智慧。无形中，每一篇成语故事就延伸了课本中的教育功能，同时也提高了教学质量。

●邵勋潜

1

2

4

安步当车　语出——《战国策》

释义

　　慢慢地步行，就当是坐车。现多用以表示不乘车，而从容不迫地步行。也指人能够安守贫贱的生活。安：安详，不慌忙。

故事

　　战国时，齐宣王听说颜斶（chù）很有学问，便要召见他。

　　到了金殿，颜斶不再迈步。齐宣王说："喂，你到我面前来！"

　　颜斶站着不动，回敬了一句："喂，你到我面前来！"

　　齐宣王气得脸色都变了。

　　大臣们吓坏了，你一言我一语地说："颜斶，你是个小老百姓，大王是一国之君，你竟叫大王到你面前去，真太狂妄啦！"

　　颜斶不慌不忙地说："我走到大王面前去，人家说我仰慕权势；大王到我面前来，那可是说明您礼贤下士呀！"

　　齐宣王怒气冲冲地说："那你说，到底是我尊贵，还是你尊贵呀？"

　　颜斶神色自如地说："当然是像我这样有学问的人尊贵。"

　　"胡言乱语！"齐宣王说。

　　颜斶严肃地大声说："大禹出自村野，因为尊重有才能的人，才能得到天下，当上天子。英明的君王，决不自以为是，总是千方百计招纳贤才来辅佐朝廷。"

　　齐宣王觉得理亏了，便装出高兴的样子说："好了，你是有学问的人，当我的老师吧！住在我这儿，保证你天天有肉吃，外出有车坐……"

2

颜斶打断了齐宣王的话说："山里的玉，一旦雕成器物，原有的美好就不存在了；我这村野之人，要是接受了官职，就会失去本来的纯真。我情愿回乡去，肚皮饿时吃饭，也像吃肉那样香；安安稳稳地走路，也不比坐车差（安步当车）；不犯罪就可以说是尊贵，清静自在地过日子，自己感到很快乐……"

说完，颜斶便告辞还乡了。

赏析

每一个人的人生都是一个别样的风景，羡慕别人的人生，就会使自己的人生变得黯淡无光。其实，这并不是自己的人生本身如此，而是我们的人生在对别人的艳羡中失去了本来的色彩。

名车豪宅、高官厚禄……或许都是他人拥有的，但是那并不意味着他们那样的拥有就是完美无瑕。能够有悠然的心情踱步在无边的旷野之中，能够有无尽的热情挥洒在球场之上……那样的快乐，又有几个人能够得到？肯用心走路的人，总是比那些忘记自己双腿的人，更能够体会美好而完整的人生。

杯弓蛇影　　语出——《风俗通义》

释义

将映在酒杯中的弓影误认为是蛇。比喻疑神疑鬼，妄自惊扰。

故事

晋朝时，有一个叫乐广的人，曾经在汲县（今河南省汲县）当县令。这一年的夏至，乐广请县里的主管杜宣到家里做客。他在客厅摆了一桌丰盛的宴席，请老朋友杜宣饮酒。当时，客厅的墙上挂着一张红色的弓，弓的影子映在酒杯，形状好像一条游动的蛇。杜宣看见了，感到十分厌恶，但又不敢不喝。勉强喝下去后，回到家里就得了胸腹疼痛的病，吃不下饭，睡不好觉，因而身体渐渐地消瘦了。家里人很着急，请了许多有名的医生，采用各种方法治疗，也不见好转。

乐广知道好朋友杜宣病了，就去看望他。乐广察看了杜宣的病情，问起他患病的原因，杜宣这才吞吞吐吐地说："酒杯里的蛇进了我的肚里。"

乐广回到家里，站在客厅里想了半天，猛然回头看见墙上挂着的弓，心想："酒杯里怎么会有蛇呢？一定是这东西引起的。"

于是，乐广就派县里的差役，用手推车把杜宣请来，又在上次请他饮酒的地方准备了酒，酒杯中果然又出现了蛇。乐广告诉老朋友杜宣说："这是墙上挂的弓的影子。"

杜宣知道酒杯中是弓影，就没有心理负担了，一高兴，病也渐渐地痊愈了。

4

赏析

病由心生，如果有了心病，看见什么都是病态的。对于已知的事物，我们一般都能够坦然，能够从容。但是面对那些未知的事物，我们就会害怕，就会觉得一切都是危机，就像杯中的那个蛇影，其实只是因为我们的疑心而造成的误解而已。

当遇见未知的事物，不要去猜测，不要去怀疑，我们只需要伸一下手轻轻地撩开它神秘的面纱，一切就迎刃而解了。

鞭长莫及 语出——《左传》

释义

原指鞭子虽长，但不能打马肚子。后借指力量达不到。

故事

公元前 595 年，楚庄王派左司马申舟到齐国办事，途经宋国。因为事先没有办理向宋国借路的手续，不合礼节，被认为是鄙视宋国，宋文公一怒之下便杀死了申舟。消息传到楚国，楚庄王非常气愤，于是就发兵进攻宋国。

宋国被楚兵围困了半年，形势十分危急。宋文公无计可施，只好派大夫乐婴齐去面见晋景公,请晋国出兵帮助解围。

晋景公本想答应宋国的要求,可是,晋大夫伯宗却坚决反对。他对晋景公说:"我们不能为了帮助宋国而与楚国为敌呀! 古人有一句话说:'即使鞭子很长,也不能打在马肚上(鞭长莫及),今天的楚国就好比马肚,它的强大是老天赐予的,别人无法跟它争夺。我们晋国再强大,怎么可以违抗天意呢?'"

晋景公听了伯宗的话,虽然觉得有理,但是还有点犹豫。他说:"我们怎能只顾自己的利益,而拒绝别人的请求呢? 这样做,我感到耻辱呀!"

"这没有什么。"伯宗解释道,"俗话说:'处理事情想高想低,全由自己的心意。'河流湖沼的水中能容纳污浊,山川泽地上能藏匿毒蛇猛兽,美玉上面隐伏着瑕珀,所以一国的君主有时候也不免要含耻忍辱,这些都是很自然的现象。再说有点小毛病,也损害不了大德呀!"

伯宗的这番道理,说得晋景公连连点头。于是,晋景公打消了援救宋国的念头。

 赏析

每个人都有自己最长的那根鞭子,那是我们的长处。但是即使是再擅长的地方,也不能把什么事情都处理周全。很多事情,都是可望而不可即的。因此,不能强人所难,也不能勉强自己,对于这些事情要能够安之若素。

要懂得适时地放弃,勇敢地接受"力所不能及"的事实,才能够不去为无谓的事情牺牲过多,才有足够的精力和时间去抓住我们"能及"的,从而实现我们自己美好的愿望。

病人膏肓 语出——《左传》

释义

形容病势严重，无法医治。比喻事情到了无法挽救的地步。

故事

传说，春秋时晋景公生了病，几乎请遍了国内的医生都没有治好。于是他派人出国四处去请天下的名医。秦桓公得到这个消息，就向晋国推荐了一位名叫缓的医生，让他去给晋景公治病。

缓立即从秦国出发。当他还在途中赶路时，晋景公做了一个十分奇怪的梦。他梦见两个小人对话。一个小人忧心忡忡地说："缓是个本领高强的良医，他来了一定对我们不利，咱们要赶快找个地方躲避一下才好呢！"另一个小人却若无其事地说："不要紧，我们只要躲进膏和肓的中间，他就一点儿办法也没有了！"

缓赶到晋国后，马上去见晋景公，他观察了晋景公的脸色，看了他的舌苔，又仔细地搭了脉，最后摇摇头说："这个病没法治了。病在肓的上面，膏的下面，膏肓之间药力无法达到（病入膏肓），因此，这个病没法医治了！"

晋景公听了缓的话，想起梦中的情景，叹了一口气说："你的诊断很对，你真是一个了不起的良医啊！"说完，赠给缓一份贵重礼物，派人送他回秦国去了。

不久，晋景公果然死了。

赏析

当一切都已经无法挽回的时候,事情就变得难以解决了。"病"只在"腠理"的时候就要引起重视,不然等"病"入"膏肓"间就难以治愈了。

防患于未然,要在没有疾患的时候,就开始注意防治。这个时侯事情往往不会变得太坏,只要我们自己小心一点儿,问题就可能不攻自破了。所以,对于问题,不要拖拉,不要希望它自己会凭空消失。而是要在问题不严重的时候就处理掉。

如同我们杜绝火苗,要在火小时候就赶紧扑灭,如果等到熊熊大火的时候,就可能无能为力了。

伯乐相马　　语出——《战国策》

释义

相传伯乐为秦穆公时的人,姓孙名阳,善相马。后用以比喻善于发现和选用人才的人。

故事

传说伯乐是春秋时期秦国人,他本来的名字叫孙阳,因为他对马很有研究,看一眼就能识别马的好坏优劣,所以人们对他非常崇拜,用神话中

掌管天马的星名伯乐来称呼他。

有一次，伯乐从虞坂路过，看见一匹骨瘦如柴的老马，拉着一车盐巴向太行山走去。盐车十分沉重，山路又崎岖不平，那匹马累得浑身是汗，"呼哧呼哧"直喘粗气。

伯乐走近盐车，看了老马一眼，发现这是一匹世上少有的千里马，不由得扑在马背上伤心地痛哭起来。这匹千里马是多么委屈啊！它应该在疆场上驰骋，可是，主人都不知道爱惜它，让它大材小用，筋疲力尽地拉着盐车。伯乐爱抚地摸着这匹千里马，并脱下自己的袍子盖在马身上。这匹马遇到知音，昂起头来放声嘶鸣，那声音直冲云霄，好像金石般铿锵动听。

后来，唐朝文学家韩愈写了一篇题为《马说》的文章，赞扬伯乐慧眼识马，他说："世有伯乐，然后有千里马。千里马常有，而伯乐不常有。"意思是说，世上有了伯乐这样的人，才能发现千里马。世上的千里马不少，而真正的伯乐却太少太少了呀！

赏析

世界上有很多美好的事物，但总是缺乏发现美的眼睛。当我们感慨世界一片漆黑的时候，往往我们已经被污浊蒙住了心灵。

我们需要用心去体会生活，去发现美好，这样才能够得到更多的美好。美好不会因为我们的主观因素而改变，它其实一直存在着，只是因为我们太着急赶路，或者满怀心事，而忽略了它。

做一个伯乐，就要有一双发现千里马的眼睛；做一个"美学家"，就要有欣赏美的心灵。

草木皆兵 语出——《晋书》

 释义

把山上的草木都当做敌兵。形容人在非常恐慌的时候,稍有一点儿风吹草动,就十分紧张,害怕。

 故事

东晋时期,晋王朝已经衰落,势力范围只在中国的东南部,而北方的大部分地区,都被前秦王朝统治。前秦的国王苻坚野心很大,企图统治整个中国。公元 383 年,他亲自率领百万大军,浩浩荡荡大举南下。

一开始,苻坚的部队进展很顺利。由大将苻融率领的先头部队很快攻克了寿春(今安徽省寿县),由另一大将梁成率领的五万秦兵在洛涧摆下了阵势,准备阻挡晋军的反击。

形势对东晋很不利,但以谢安为首的主战派临危不惧,决定运用智谋战胜数倍于自己的敌人。谢安先让人到处散布晋军兵少、粮草将尽的消息,苻融果然上当了。他派人告诉苻坚说:"敌人兵少粮草又不足,很容易抓获,就怕他们要逃跑,应快带进军,一举抓住他们的统帅,晋军就会不攻自溃了。"苻坚一听大喜,立即把大部队留在项城,自己只带八千精兵,日夜兼程,赶到寿春。

与此同时,晋军的龙骧将军刘牢之率领五千能战敢拼的士兵,趁着夜幕掩护,突袭驻守洛涧的秦军。根本没把晋军放在眼里的秦军,做梦也没想到晋军会如同神兵从天而降,突然出现在他们的面前,立刻慌成一团,许多人远在睡梦之中就做了刀下鬼。这一仗秦军损失一万五千人,大将梁成也被杀死。

晋军旗开得胜，立刻乘胜向寿春进军。苻坚在寿春听说秦军在洛涧失利的消息，大吃一惊，急忙和苻融登上城楼，观察晋军情形。只见晋军布列整齐，壁垒森严，士气高昂，不禁大吃一惊，又望见远处山上草木摇动，好像也藏了不少兵。苻坚恼怒地对苻融说："满山遍野都是晋军强兵，怎么说他兵少呢？"

不过，前秦虽然打了败仗，兵力仍比东晋强大得多。苻坚想借自己兵多胁迫东晋军队投降，就派了尚书朱序到晋军中传达自己的意思。

这个朱序原是东晋的官吏，后来被俘投降，当了前秦的官。朱序见到了晋军统帅谢石，对他说："如果秦国百万大军一齐到来，那你们肯定抵挡不了。幸好现在他们尚未赶到，将军应该当机立断速战速决，击溃他们的先头部队，挫掉他们的锐气，秦军自然会溃退的。"谢石采纳了他的意见。

这时，前秦的部队在淝水对岸，沿河列开阵势。东晋无法渡河进攻，谢石就耍了一个花招。他派人去对苻融说："将军孤军深入，沿河布阵，这是长期防御的打法，难道您不想抓紧时机速战速决吗？如果您让部队稍微后退那么几里，让我军渡河过去和贵军拼杀肉搏，我和您骑在马上观战，不是更加有意思吗？请将军考虑我的建议。"

苻融一听，正中下怀。他想趁晋军渡河立足未稳时，一举把他们消灭掉，就同意后撤。可是，他没想到，秦军在洛涧吃了败仗，军心不稳，他刚下达后撤的命令，士兵们就争先恐后奔逃，队伍大乱。苻融骑着马前后奔驰，拼命阻止，也没用，反而被乱兵冲倒了马，混乱之中被人杀死。秦军没了主帅，立刻溃不成军，晋军乘胜追击，一路上，到处是秦军士兵的尸体。失魂落魄的秦兵，听到风声鹤唳，都以为是秦军的追兵来了。

这一仗，就是历史上有名的淝水之战，东晋军队出人意料地以少胜多，打了大胜仗。在这次战斗中，前秦的国君苻坚也被流箭射伤，他慌张地逃回洛阳。不久，前秦政权就垮台了。

赏析

生命中不可能总是一帆风顺,事事如意,总会有起起落落的挣扎和困惑。这些暗礁在我们的人生历程中是必不可少的考验。很多人都把这种考验当做自己人生的财富。但是还有一些人,会在心中留下阴影。因为心中有阴影,必然会草木皆兵,对某些失败的经历有"蛇咬"之痛。于是井绳便不是成为引取水源的工具,而是成了一辈子系在脖子上的枷锁,稍稍一用力,便得窒息之感。因为,我们时刻都在不自觉地拉紧那根绳索。

成败萧何　　语出——《史记》

释义

成事由于萧何,败事也由于萧何。比喻事情的成败都是一个人造成的。

故事

传说有人曾在韩信墓前的祠庙上写过一副对联:"生死一知己,存亡两妇人。"上联"一知己"指的就是萧何。这是因为韩信被刘邦重用出自萧何的推荐,被吕后杀害也出自萧何的计谋,可见韩信的成功与失败是

与萧何有密切关系的。

韩信是我国古代杰出的军事家,他从小就胸怀大志,刻苦研究兵法,准备将来干一番大事业。

公元前 209 年,陈胜、吴广领导的秦末农民大起义爆发了。同年 9 月,项梁和项羽叔侄在今稽(今浙江绍兴)响应陈胜起义。韩信得到消息后,带着剑去投奔项梁,参加反秦起义军,当了一名小兵。后来项梁阵亡,他又归属到项羽的部下,当了一名小小的侍收官。他借着接近项羽的机会,经常给项羽出谋划策,都未得到重视。韩信觉得自己的才干难以发挥,就想另谋出路。

秦朝灭亡后,项羽自封为西楚霸王,封刘邦为汉王,逼迫他去南郑(今陕西南郑县)就职。就在这时,韩信逃离了项羽的部队,投奔到刘邦麾下,随他到了南部。刘邦因为对韩信的深浅不了解,让他当了一个管粮的小官,韩信对此感到很失望。

后来,韩信认识了刘邦的重要谋士萧何,经过几次交谈,萧何很赏识他,认为是一个不可多得的人才,便多次向刘邦推荐,但都没有引起刘邦的重视。当时,刘邦的部下大多数是江苏人,士兵们思念家乡,不习惯南郑的生活,经常有人开小差逃走。韩信得不到重用,于是,也找了一个机会逃离了南郑。

萧何得知韩信逃走的消息,急得直跺脚,他来不及向刘邦打一声招呼,立即骑上快马,连夜去追赶韩信。

刘邦听说萧何也逃走了,非常生气。但是两天以后,萧何又突然回来了。当刘邦听说堂堂的丞相去追赶一个管粮的小官时,忍不住斥责他说:"逃亡的将领已经有几十个,你都没有去追赶,现在你却说去追韩信,这不是骗人的话吗?谁能相信呢?"萧何解释说:"一般将领容易得到,而韩信却是难得找到第二个的奇才。你如果满足当汉王,用不用韩信没有关系;如果要争夺天下,就离不开韩信这样极有智谋的人。希望你决定今后的志向。"萧何的话正中刘邦的要害,他赶紧表白说:"我当然要向东发展,怎么能长期在这里当汉王呢?"萧何见刘邦心动,乘机推荐韩信说:"大王决计向东发展,若能重用韩信,他就会留下为你出谋划策;如果没有远大抱负,不得用韩信,他终究还是会逃走的。"汉王终于听取了萧何的意见,封韩信为大将军,刘邦还选了黄道吉日,举行了隆重的拜将仪式。

后来,韩信果然帮助刘邦出谋划策,率先征点,屡建奇功,使刘邦统一了天下,建立了汉朝。

刘邦当了皇帝后,封韩信为楚王,没有多久,便借故解除了他的兵权。韩信知道刘邦忌恨他的才能,整天闷闷不乐,暗中与陈豨(xī)结成同盟,密谋造反。

公元前 197 年,陈豨举兵反叛刘邦。刘邦亲自率兵讨伐陈豨。韩信见时机成熟,与家臣密谋,企图趁刘邦不在京都,假传圣旨,释放狱中的犯人,把他们组织起来袭击吕后和太子刘盈。吕后得知韩信谋反的消息,立即把萧何找来商量。韩信本是萧何极力向刘邦推荐的,这时他听说韩信谋反,害怕受到牵连,就又向吕后献了一条消灭韩信的妙计。他们假称陈豨已经被打死,要大家进宫庆贺。萧何怕韩信不去,亲自对他说:"你尽管有病,不过这样的大事应去庆贺一下。"韩信不知是圈套,就到了长乐宫,当即就被武士绑了起来斩首了。

赏析

事物总是有两面性,有好的一面,也有坏的一面。三十年河东,三十年河西。同一件事物不可能总是一成不变的,我们要以发展的眼光来看待事物。世界永远在改变,如果我们不跟上世界变化的步伐而转变自己的想法,那只能是让自己掉入难以自拔的深渊里。

在同一片丛林里,四季就会改变。懂得冬眠的动物,才是懂得四季规

律,适应环境变化的智者。如果不懂得全面发展地看待事物,不懂得去适应,就会像蚊子一样,一遇到寒冷就销声匿迹了。

重蹈覆辙　　语出——《后汉书》

释义

重新走上翻过车的老路。比喻不吸取失败的教训,重犯过去的错误。

故事

东汉初年,皇帝为了巩固自己的政权,采取与豪族联姻的办法,争取他们的支持。这样一来,外族豪强势力迅速扩展,到了东汉中期,甚至连皇帝废立这样的大事也要有外戚豪族决定。皇太后临朝执政以及她的宗族专断朝政的现象屡见不鲜。

外戚专权,大大削弱了皇帝的地位。皇帝要想掌握实权,必须寻求支持自己的政治力量。在外戚当政的情况下,朝臣一般都被他们控制,因此皇帝只能依靠自己身边的宦官来打击外戚势力。

公元159年,汉桓帝与宦官单超等五人合谋,诛灭了大将军梁冀。但是,这些宦官也很快发展成为政治集团。他们结党营私,专断朝政,横行乡里,鱼肉百姓。东汉政权从外戚手中又转到宦官手中。

宦官专权,政治更加腐败,从而激起人民的强烈反抗,也引起士族、豪族和一些文人的反对。当时，以郭泰为首的三万多聚集在洛阳的太学生，联合一部分朝廷大臣，猛烈抨击黑暗的宦官政治，宦官们对他们极端仇视，上书诬告李膺等人和太学生"结党诽谤朝政"。汉桓帝大怒，下令以"党人"罪逮捕司隶校尉李膺、太仆杜密、御史中丞陈翔等二百余人。

当时，窦皇后的父亲窦武，担任守卫东城的长官，他对这种是非颠倒、邪正不分的现象非常不满，立即给桓帝上了一份奏章，痛斥宦官祸国殃民，极力为忠贞志士申冤。他在奏章中说，如果不吸取过去宦官祸国的教训，重蹈覆辙，恐怕秦二世覆灭的灾难，很会就会出现！

窦武为了表示不与小人共事的决心，将自己的官爵印绶一起交还。这样，桓帝才同意将李膺等人释放回家。

赏析

　　犯错，其实并不是一件可怕的事情。最为可怕的是一错再错，那样错误的不仅仅是事物本身，而是我们自己的内心。

　　当内心埋下了那颗错误的种子，却不去为之前的错误反省，而是继续放任这种错误继续发生。其实，这样的心态才是最可怕的，它会让错误变成习惯，以至于对一次次重蹈覆辙也抱无所谓的态度，让事情变得越来越坏。请珍惜错误带给我们的教训，它的宝贵之处在于：让错误就此止步。

出奇制胜 语出——《孙子》

释义

用奇兵或奇计制服敌人，取得胜利。比喻用出人意料的办法取胜。

故事

战国时，燕昭王为了报杀父之仇，任命乐毅为主帅，率大军讨伐齐国。齐王抵挡不住，逃离都城临淄，然后退守莒城。在齐国当小官的田单带着家人逃往安平（山东临淄东十九里）。他叫家人把车轴两端的突出部位锯下来，安上铁箍。燕军攻破安平时，人们恐慌地争着出逃，很多车子在碰撞中折断了车轴，乘车人被燕军抓住。田单的车因事先作了准备，安全地逃到了即墨。除了莒城和即墨外，燕军攻下了齐国的大小城池，最后集中兵力攻打齐王所在的莒城。燕军久攻莒城不下，便转而攻打即墨。即墨守军得知田单善于打仗，推举他为守城将军。

公元前 279 年，燕昭王去世，惠王即位。惠王当太子的时候，与乐毅曾有过隔阂，彼此成见很深。田单了解到这个情况后，就暗地里派人到燕国去散布流言飞语，说："乐毅迟迟不攻打即墨是想收买人心，以便将来在齐国称王。齐国人最担心的，就是怕换一个主帅来，那样，即墨就不可能存在了。"燕惠王对这话竟信以为真，立即派大将骑劫接替乐毅的职务，调乐毅回国。

乐毅被无故撤职后，燕军士气低落。田单又派人混进燕军内部，散布说："齐军最怕的是被燕军割下鼻子，如果进攻时，把割去鼻子的齐兵俘虏摆在队前，即墨城肯定可以攻下。"骑劫听了，不知是计，就照着做了。

守城的齐兵看见了自己的同胞被割去鼻子，非常气愤，他们生怕被燕军俘虏，守城的意志更加坚定。接着，田单又派人散布说："齐国人最怕燕国人掘城外的祖坟，糟蹋自己的祖先。"燕国人信以为真，把城外所有的坟墓都挖开，把尸骨堆在一起焚烧。即墨军民目睹燕军的暴行，无不咬牙切齿，一致要求与燕军决一死战。

田单看到齐兵的士气高昂，就抓紧进行反攻燕军的作战准备。他先派使者到燕营请求投降，并且与骑劫约定投降的日期。接着，又把老百姓手中的金子集中起来，让城里的商人携带出城，去秘密送给燕军将领，假意乞求说："我们即墨就要投降了，请你们进城后不要掠夺我们的妻妾。"燕军将领收下礼物，满口答应，战备更加松懈。

这天夜里，齐军向燕军发动进攻。田单把城里一千多条老牛集中起来，给它们穿上大红色的衣裳，上面画了五颜六色的蛟龙图案，又在牛角上绑好锋利的尖刀，尾巴上捆了浸过油的芦苇，然后点着火，将牛从暗中凿穿的城墙洞口赶出去，并派五千精兵跟在牛群后面。很快，牛的尾巴烧着了，发起了牛脾气，吼叫着直往前面燕营冲去。蒙眬中，燕军被突如其来的怪物吓得手足无措，到处乱窜。被牛撞死、踩死的士兵不计其数。跟随牛群的五千齐兵，一声不响地冲入燕营，大刀阔斧地勇猛冲击。齐军又在城上擂起战鼓，喊杀声惊天动地。燕军毫无思想准备，突然遭到这么猛烈的袭击，一下子溃不成军。齐兵趁乱杀死燕将骑劫，燕军没有了主帅，成了惊弓之鸟，士兵四处奔逃。田单率兵奋力追击，一路收复失地，被燕军占领的七十多座城池全部收回。

司马迁在写田单火牛败燕军的事迹时，用了孙子兵法的话，高度评价这招"出奇制胜"的战术。他称赞说："先出兵可以阻挠敌人，出奇兵可以攻其不备。兵不厌诈，善战的人出奇无穷、机智多变，使敌人不可预知。开始时显得软弱，敌人不加戒备，可是到了该进攻的时候，却像逃脱的兔子一样急速，使敌人来不及阻挡，这说的正是田单啊！"

 赏析

　　成功不在于按部就班,不在于死板地恪守陈规旧制。虽然人们总是说成功者都是肯脚踏实地,勤勤恳恳的人。但是成功是有方法的。有灵活的方法可以利用,如果不用那不叫"踏实",那只是愚笨罢了。

　　善于奇思妙想的莱特兄弟,不按常理出牌,飞跃了人类想象的极限,最终使得人类的梦想升空了。如果人生没有一点儿写意的想象,没有一点儿出奇制胜的点子,那么必然会缺失很多精彩。

唇亡齿寒 语出——《左传》

 释义

　　嘴唇没有了,牙齿就会感到寒冷。比喻关系密切,利害相关。

 故事

　　公元前 655 年,晋国打算进攻虢(guó)国。但是它们两国中间隔着一个虞国,于是晋献公派大夫苟息去向虞国借路。

　　昏庸无能的虞公被苟息美好的言辞所迷惑,看不透敌人的野心,加之贪图晋国的厚礼,就答应了晋国借路伐虢的要求。

　　这时,有个叫宫之奇的虞国大夫,站出来极力反对。他规劝虞公说:

"虢国是虞国的屏障,如果虢国灭亡了,虞国也必然跟着灭亡。俗话说'唇亡齿寒',说的正是我们两国之间这种唇齿相依的关系。如果我们借路给晋国,势必会助长晋的野心,那么虢国早晨被消灭掉,虞国在当天晚上也就会跟着被灭掉了。我们怎能做自取灭亡的事呢!"

可是,固执己见的虞公,不听宫之奇的劝告,还是把道路借给了晋国。

当苟息率领晋国的大军经过虞国时,宫之奇立即率领全家人逃离虞国。他预言说:"虞国来不及年终的腊祭了,晋国将在这次军事行动中灭亡虞国,不必再次调动军马了!"

果然,这年冬天,晋国先消灭了虢国,然后又在得胜回国的途中,背信弃义地袭击了虞国,把它灭掉了,并且捉住了虞公。

 赏析

唇齿相依,唇亡齿寒。没有任何一样事物是能够独立存在于这个世界上的,事物与事物之间都是相偎相依,互相依赖的。如果不知道这样的关系,伤及到任何一方,必然也会给另外的一方带来影响。

所以,我们考虑事情不能过于简单。如果只是毫无顾忌地做一些愚蠢的选择,无异于就是在划船的时候,扔掉双桨。后果呢?自己的船可能永远只能在湖中心打转吧。好好珍惜手中的桨,那关乎你乘坐的船,关乎人生的船是否能行驶得更远。

打草惊蛇　语出——《南唐近事》

 释义

打草惊动了草中的蛇。比喻行动不谨慎，使对方有所察觉，有所准备。

 故事

南唐时，有个名叫王鲁的人，当了当涂县的县令。这个人很贪心，大肆搜刮民财，干了不少贪赃枉法的事。他很狡猾，收受贿赂的事都让部下出面，自己还装着很清白的样子。他的手下人见他贪图钱财，也纷纷效仿，敲诈勒索，无恶不作，当涂县的老百姓恨透了他们。

有一次，有个血气方刚的年轻人，为了房基地和邻人张三起了纠纷，两家争吵不休，闹到县衙门。谁知，衙门的士卒不让他们进去，说是要进门钱。年轻人只好拿出几文钱，才得以进了衙门。进门没走多远，又遇到一个人拦住他们，喝道："你们私闯公堂，胆子不小，还不快出去！"年轻人连忙公辩道："老爷，我们是来请王县令公断的。张三占了我的地基，却反诬告我占了他的地，请老爷明鉴。"张三认出拦住他们的人是县衙门的主簿（相当于现在的秘书），连忙把他拉到一边，悄悄送过去一锭银子，说道："主簿大人，他占了我的房基地，请你为我做主。"这主簿见了白花花的银子，眉开眼笑，转脸恶狠狠地对那个年轻人叱道："一点儿小事，也来惊动王大人。出去出去！"不由分说，就把他们推出门去。

年轻人回到家越想越气。有人告诉他，这主簿一贯强索钱财，鱼肉百姓，并列举了主簿干过的许多坏事，年轻人就去串联了那些受过主簿敲诈的人，写了状子，递到县衙门。

这天，王鲁正坐在县衙里批阅案卷，他翻开一张张状纸，"状告主簿"几个字跳入了他的眼帘，不觉一惊，赶紧往下看，越看越慌。状纸中对主簿的违法乱纪行为，一件件有证有据，揭发得清清楚楚。这些事情，大部分和王鲁有关，有些甚至就是他暗地指使主簿干的。他想："这些事，如果追究起来，必然要把自己牵扯进去，这可不妙啊！幸亏这件公事落在我的手里，以后可多加小心啊！"想到这里，就随手批了八个字"汝虽打草，吾已蛇惊"。意思是你们虽然告发的是我的下属，但我已经感到事态严重了，就像砍草时候惊动了草里边的蛇一样啊！

批完后，王鲁就把这个状子压了下来。

 赏析

很多事情都有其先兆，"山雨欲来风满楼"。电闪雷鸣往往是大雨倾盆的铺垫，如果我们看见了闪电和听到了雷声，却不知道做好防雨的措施，那是一件愚蠢的事情。就像一只被惊吓的蛇，如果不赶紧逃跑的话，只会成为别人棍下的牺牲品。

聪明的人对事物都会有自己的预见性，一些边缘性事物能够带给他们启示，察觉一些事情就会知道自己该如何行动，如何应对。只有这样，我们才能够在人生的路上规避风险，行走得更顺利。

大公无私

语出——《吕氏春秋》

释义

指办事公平正直，不徇私情，毫无私心。比喻人至公至正，毫无偏私。

故事

晋国的贤大夫祁黄羊告老退休，晋平公问他："大夫，您告老后，谁可以接替您的职位，辅助寡人治理好国家呢？"

祁黄羊郑重地想了想，说："臣以为解孤最合适。"

"解孤？"晋平公惊异起来，"他不是您的仇人吗？"

"是的，他是与臣有仇。但君王问的是谁能接替臣的职务，不是问谁是臣的仇人啊！"

于是，晋平公把解孤提升为大夫，干了一段时间，成绩果然很好。

这时，晋国要在军队里增设一个国尉，帮助将军管理军务。晋平公又把祁黄羊请来，问道："老大夫，您熟悉朝臣的才能，请您推荐一个可以担任国尉的人。"

"祁午可以担任国尉。"祁黄羊答道。

"祁午不是您的儿子吗？"晋平公又感到意外。

"君王是问我谁可以担任国尉，并没有问是不是我的儿子。"

晋平公便任祁午为国尉。不久，将军奏告说，祁午工作得很出色。

人们评论说，一个人如果有了私心，办事就会思前想后，顾虑重重。祁黄羊在国君面前推荐人才，推荐外人不回避自己的仇人，推荐亲密者也不回避自己的儿子，这说明他完全是从国家利益出发，为国家利益着想，丝毫不考虑要避什么嫌疑。

祁黄羊"外举不避仇，内举不避子"的事迹，因此就传之后世，成了大公无私的榜样。

赏析

人有私心，必然是人本性的体现。人总是喜欢先为自己考虑，先为自己着想。这不值得我们去指责，虽然也不值得夸耀。但是在大是大非面前，我们要懂得正义和公平。不要因为一己之利和一己之心影响心中的天平。

我们要尽量做到公平和正义，这样人世间才会有温暖。否则，我们失去的不仅仅是一时的公正，而是人心。大公无私是一种美德，我们敬佩这样的人，同时也要使自己变成这样的人。

得陇望蜀　语出——《后汉书》

释义

已经取得陇右，还想攻取西蜀。比喻贪得无厌，永不满足。

故事

岑彭是西汉末年棘阳（今河南新野县）人。王莽篡权时，他在家乡

当县官。当刘秀领导的起义军攻克棘阳时，他就投到了刘秀的部队里。岑彭很会打仗，不仅作战勇敢，而且会用计谋，每战必胜，攻占了很多地方，为刘秀立下了不少功劳，颇得刘秀赏识。

刘秀控制了东部地区以后，就任岑彭为大将军，跟他一起率军向西进发。当时，占据西部的是隗嚣的军队。这隗嚣，在王莽时曾占据陇西，后来投降了刘秀，并为刘秀立过战功。但是，他不甘心屈居刘秀之下，又与盘踞蜀地的公孙述搭上了，不久公开背叛了刘秀。刘秀这次西进的目的，就是要平定陇、蜀两地，完成统一全国的大业。刘秀和岑彭率大军攻克了天水之后，在西城这个地方把隗嚣的军队困住了。刘秀见胜局基本上已稳操在自己手中，就打算留下岑彭完成平定陇、蜀的任务，自己先回洛阳去。因为他担心洛阳有人趁他不在时篡夺大权。

刘秀回洛阳后，又恐岑彭不积极进攻，就下了一道诏书给他，命令他："西城攻克后，你可带兵攻打蜀地。人都是不知足的，既已平定了陇地，还想得到蜀地（既平陇，复望蜀）。每一次出兵征战，头发和胡须都要变白一些啊！"

岑彭得到刘秀的诏书后，就加紧攻城。西城城墙高大坚固，难以易守。岑彭就用灌水的方法攻城。可是水深还没有到一丈，蜀国的兵马就来到，将隗嚣救走了。岑彭的军队粮草不足，只好领兵撤回洛阳。

后来，岑彭再一次率军西进，终于平定了陇、蜀两地。

赏析

我们总是有很多愿望，有很多期待，甚至可以说是有很多欲望。但是当欲望难以满足的时候，我们就要学会克制自己的内心。我们努力地去追求一些东西，可能可以追求得到，但是往往得到了又会渴求更多。这时，我们应该沉下心来问问自己，是不是已经掉入了贪婪的深渊。一旦不慎掉落下去，我们可能终其一生也难以爬出来。

不要贪婪，懂得满足的人，才是快乐的。贪婪会使得我们一生都在追逐，没有时间享受生活。安静下来，享受已经拥有的，也是一种幸福。

东窗事发　语出——《西湖游览志余》

释义

原指在东窗下密谋陷害岳飞一事败露。后多用来形容密谋败露，将被惩治。

故事

秦桧是南宋时臭名昭著的奸臣。他老奸巨猾，心狠手辣，谁要是和他有不同意见，他就捏造一个罪名，轻则逮捕下狱，重则杀头处死。被他陷害的忠臣良将不知有多少。抗金英雄岳飞就是被他用"莫须有"的罪名害死的。

北宋时期，宋王朝渐渐衰落。北方的金兀术趁机向中原大举进攻，侵占了宋朝不少地方。在这民族危难的时刻，岳飞率领岳家军对金兵进行了顽强的抵抗。岳飞英勇善战，打了好几个大胜仗，有一次差点活捉金兀术。可是，秦桧却不同意抵抗金兵，而主张议和，竟竭力宣扬议和的好处。宋高宗同意了，可是许多大臣和将领都不同意，岳飞就多次上书，要求罢

和议抗金兵。秦桧要想议和,就要把岳飞除掉。可是岳飞在老百姓中的威望很高,手中又有兵权,怎样才能把他除掉呢?

这天,秦桧坐在东窗下,正为无法除掉岳飞发愁,夫人王氏走进来,对他说:"这有何难,你找几个罪名按在岳飞头上不就行了。"秦桧说:"罪名不难,难找的是告发岳飞的人,这个人一定要是岳飞的部下才能使天下信服。"王氏想了想,说:"我听说岳飞手下的都统制王贵,在一次战斗中胆小怕死,岳飞要将他斩首示众,后经众将求情岳飞才免他一死。他肯定怀恨在心,你何不让他告发呢?"秦桧一听,不禁大喜,称赞道:"还是夫人高见。"两人又将陷害岳飞的各个细节密谋一番。

秦桧派人找到王贵,要他诬告岳飞"谋反"。王贵不愿意。秦桧一伙就严刑拷打他,并以杀他全家相威胁,王贵只好屈从了。

秦桧终于把岳飞杀了。

后来,秦桧也病死了。他死后七日,王氏请来道士为他做道场,超度他的亡灵。道士恨秦桧杀死了忠良,就装模作样做了一会儿法事,然后对王氏说:他看秦桧正在地狱里受苦,阎王小鬼正在拷问他。道士说:"秦大人对我说,麻烦你告诉我的夫人,东窗事发了。"

 赏析

"要想人不知,除非己莫为。"人不能因为一己之利就去做违背良心的事。也许开始没有人能够知道,但是时间长了,是纸包不住火的。

天下没有不透风的墙。即使有些事情能够一时瞒住他人,但是却瞒不了自己的良心。所以,很多事情从道义上说,不能去做的就坚决不做;即使一不小心做了,也要勇敢地承认自己的错误,请求他人的谅解,这才是顶天立地的君子所为。

东山再起　语出——《晋书》

 释义

　　谢安退职后在东山隐居，以后又出来做了大官。后指再度出任要职。又比喻失势之后又重新得势。

 故事

　　谢安是东晋时著名的宰相。据说，他小时候就很聪明，才学过人，而且擅长书法，写得一手好字。

　　谢安虽然很有才学，但无意于做官。起先，他在司徒府里做著作郎，没多久就以病为理由辞官回归故乡会稽。后来，扬州刺史庾冰慕名来找他，请他到扬州做事，他不愿意。庾冰几次派人来催逼，他不得已，只好照任。但只过了一个多月，他就找了个借口回来了。不久，吏问尚书范汪举荐他为吏部郎，他坚决拒绝了。

　　谢安隐居在会稽的东山，与当时的名士王羲之、高阳、许询等过从甚密。他们一起游山玩水，写诗作文，很是悠闲。他常坐在山中的石窟中，面对着峡谷大川，悠然叹道："我这样的生活离古代的隐士伯夷又有多远呢？"

　　这时，谢安的弟弟谢万当了西中郎将，很受朝廷的重用，但他的名气还是没有谢安大。人们都认为谢安是治国平天下，辅助君王的大才。谢安的妻子见谢万当官后，家门富贵，而谢安却安于平淡的生活，就对他说："大丈夫不求功名，不求富贵，还求什么呢？"谢安仍不为所动。

　　不久，谢万被罢官了，谢安为了挽回谢家日趋衰微的地位和名声，开始萌发仕进之意。这时，他已四十多岁了。恰好征西大将军植温请他出

任司马一职,他就接受了。

在他要上任的那天,许多朝廷命官都来为他送行。有个叫高崧的官员和他开玩笑说:"你过去多次违背朝廷旨意,不肯出来做官,高卧东山,感到很羞愧。"

谢安后来一直当到宰相,在前秦与东晋著名的淝水之战中,他指挥有方,以少胜多,打了大胜仗。谢安因为长期隐居在东山,所以称这次出仕为"东山再起"。

赏析

失败,没有人能够避免。但是,失败以后能够重新勇敢地站起来的,又有几个? 浴血奋战的日子里,不论跌倒多少次,牺牲多少人,那根鲜红的旗帜总会骄傲地被举起,傲立在枪林弹雨中。那是一种不屈的象征,也是一种永不放弃的精神。有了这样的精神,失败就变得不可怕。久而久之,失败终会向你不屈的意志投降。

东施效颦　　语出——《庄子》

释义

比喻不知道人家的好处何在,胡乱模仿,效果适得其反。现在泛指仿效者的愚蠢可笑。

故事

传说春秋时越国有个绝色的美女名叫西施,她生在山清水秀的苎萝山下的浣江边。也许是青山绿水的灵气孕育了她,这西施出落得如花似玉,尤其是那双又黑又亮、黑珍珠般的眼睛,顾盼生辉,仿佛会说话。西施不光人长得美,品行也好,既勤劳又善良,识大体顾大局。据说,当年越国被吴国打败后,越王勾践被抓到吴王宫里给吴王当差。为了复兴自己的国家,西施自愿到吴王身边,用自己的美貌迷住吴王,使他整天沉迷于饮酒作乐之中,不再过问国家大事。后来,越国终于打败了吴国,雪了耻,报了仇。

在西施还没有到吴王宫里之前,家乡的父老乡亲们就很喜欢她。每当她在街上走,人们都要放下手里正干的活儿欣赏她;锄地的扛着锄头站着;挑担的扶着扁担站着;姑娘媳妇手里捏着缝针忘了往衣料里扎,羡慕地望着她;老奶奶老爷爷看见她都要啧啧称赞一声:真美啊! 一次,西施的心口疼的毛病犯了,她用手按住胸口,紧皱着眉头,慢慢地往家走。人们见了都说西施皱眉的样子比她平时更好看。

离西施家不远,有个长得很丑的姑娘名叫东施,这东施长得又矮又胖,皮肤又黑又粗,暴牙凸眼塌鼻梁。可她却一天到晚涂脂抹粉,扭扭捏捏,人又懒,嘴又馋,乡亲们都很讨厌她。东施见大家总夸西施病的时候很美,就想学西施的样子,也做出眉头紧皱、一副痛苦的表情(东施效颦),以为这样就美了。谁知,大家看到她那矫揉造作的丑样,更加厌恶她了。

赏析

西施之美,天下闻名。东施一味地想模仿别人的美丽,自然会贻笑大

方,因为那些美丽本不是属于她的。

　　不管是谁都有"美"的一面,"东施"也不例外。只是因为我们总看见别人的美,而忽略了自己的"美"。美的东西不一定是外表,可能是美丽的心灵,可能是卓越的才华……这些美都不会随着容颜的衰老而逝去,只会因为岁月的流逝而越发醇香。找到属于自己的美,不要去羡慕别人。每一个人,其实都是天使。

对牛弹琴　　语出——《理惑论》

释义

　　对着牛弹琴。比喻对愚蠢的人讲深奥的道理。现在也用来讥笑说话时不看对象。

故事

　　古代有个音乐家,名叫公明仪,他弹得一手好琴。每当他坐在自家窗口弹奏时,行人常常驻足聆听,邻居们也都从窗口探出头来,听得如醉如痴。他弹到欢快的地方,大家都带笑,弹到悲伤的地方,大家都跟着落泪。见大家都喜欢听自己弹琴,公明仪越弹越有劲。

　　一次,公明仪携琴出外游玩。他来到郊外,只见满目是青山绿水,蓝天里飘着悠悠白云;远处传来牧童悠扬的笛声,身旁的大树上小鸟在尽情欢唱。大自然真美啊！公明仪情不自禁地打开琴弹了起来。弹着弹着，他觉得没意思，因为无人欣赏。他四下一看，见不远处有头牛正在吃草，他很高兴，心想："我就弹给牛听吧！"

于是，他就坐在牛的旁边，轻舒十指，缓缓地弹了起来。弹了一会儿，他抬头看看牛，见它只管低头吃草，仿佛没有听见似的。公明仪以为他刚才弹的曲子还不够动听，又换了一首更感人的，弹得也更加认真。可是牛仍然无动于衷。公明仪不甘心，弹了一首又一首，直弹得手软筋麻。看着那头牛只对鲜嫩的草感兴趣，他叹了口气，终于明白了，对蠢牛弹琴，不过是白费劲罢了！

他懊丧地站了起来，打算回去。谁知，他收拾琴的时候，无意间碰到一根琴弦，发出了一声响，有点像小牛"哞哞"的叫声。那牛听到响声，停止了吃草，抬起头四面看看，见并没有什么，摇了摇尾巴，兴趣又回到青草上去了。公明仪见了，自嘲道："不是牛蠢，是我自己蠢，弹琴不看对象。对于牛来说，同类的叫声就是最好的音乐，高雅的乐曲它又怎么能听懂呢？"

 赏析

对懂得音律的人弹奏美妙的曲子，会获得掌声；给懂得欣赏的人看一幅美卷，会得到赞美。如果，不看对象地做事情，往往会得到毫无回应的结果，甚至是适得其反。一头牛吃草很在行，拉犁也很在行，但是非得让它听琴声，实在是有些强人所难。

很多时候，该反省的不是那头牛，而是我们自己。我们要问问自己，为什么要对那头"牛"弹琴？找到自己的伯乐，找到适合自己的环境，不是更好的选择吗？

负荆请罪 　语出——《史记》

 释义

原意是背着荆条向对方请罪。表示向人认错赔礼。现比喻完全承认错误,诚心请求对方原谅。

 故事

战国时,赵国有一文一武两个得力的大臣,武的叫廉颇,他英勇善战,多次领兵战胜齐魏等国,以勇气闻名于诸侯。文的叫蔺相如,他曾两次出使强大的秦国,面对骄横的秦王,他临危不惧,有勇有谋,顺利地完成了使命,维护了国家的尊严。因此,赵王封他为上卿,官位在廉颇之上。

廉颇见蔺相如本来是一个默默无闻的家臣,一下子官位比自己还高,很不服气,到处对人说:“我攻城占地,立了不少大功,而蔺相如只不过动动口舌,地位就在我之上。何况他本是个下等人。官职在他的下面我感到羞耻。如果我遇到他,一定要当面羞辱他。”

有好心人把廉颇的话告诉了蔺相如,劝他去报告赵王。蔺相如不仅不去报告赵王,以后出门格外小心。听说廉颇来了,就远远地避开。国王朝见大臣时,他也常常托病不去,避免与廉颇见面。他的手下见了,很不痛快,对他说:“我们之所以离开父母兄弟跟着你,是仰慕你的勇气。现在你的职位比廉颇高。廉颇羞辱你,你却躲着他,如此胆小害怕。老百姓尚且有羞耻之心,何况你是一个大臣呢!我们忍不下这口气,请让我们离开你吧!”

蔺相如坚决不让他们离去,问道:“你们看廉将军和秦王哪个厉害?”

他的部下说："当然是秦王了。"蔺相如笑道："秦王是一个强国的国君，我都敢当面叱责他，难道会怕廉将军吗？我只是觉得，强大的秦国之所以不敢侵犯赵国，是因为有我和廉将军两个人在，如果我和他两虎相斗，必然是要伤害其中的一个。这样，对国家不利。我之所以让他，是为国家着想，个人恩怨是小事，不该计较。"

这话传到了廉颇耳朵里，他感到很羞愧，便光着上身，背着荆条，到蔺相如的家里请罪。从此，两个人结为生死之交，共同为赵国出力。

赏析

没有人能够从来不犯错，关键是对于错误的态度如何。有些人犯错了总想逃避，甚至想推脱，但是这并不会让自己的过错减轻，更不会得到别人的宽容。敢于面对自己错误的人，才是真正的勇士。

如果我们做错了事情，伤及到其他的人，我们要懂得适时地低头，勇于承认自己的过错，寻求他人的谅解。这样，才能够放下那个过错，轻松面对以后的人生之路。这样也是最有诚意的，往往会得到他人的谅解。

鹤立鸡群　　语出——《竹林七贤论》

释义

　　鹤站在鸡群中显得特别高。比喻一个人的仪表或才能在一群人里显得很突出。

故事

　　晋代时,著名的"竹林七贤"之一嵇康有个儿子,名叫嵇绍,字延祖。他生得体态魁伟、英俊潇洒,在同伴中显得很突出。有一次,有人对嵇康的好朋友王戎说:"我昨天在一大群人中见到嵇绍,他高大挺拔,很惹人注目,就像是鹤立鸡群。"

　　嵇绍不仅外貌引人注目,品格也很优秀。他忠直、勇敢,很为人称道。晋惠帝时,他为侍中。当时,因为晋惠帝是个"白痴"皇帝,根本不能处理朝政,所以晋朝统治集团内部很混乱,诸王之间争权夺利,互相攻杀,曾发生了著名的"八王之乱"。晋惠帝的人身安全也经常受到威胁。嵇绍作为侍中,肩负着保卫晋惠帝的重任,他总是尽职尽责,临危不惧。

　　有一次,都城发生动乱。嵇绍见形势严重,担心晋惠帝的安全,就冒着生命危险,往皇宫奔去,守卫宫门的侍卫见他急忙闯来,以为他是叛乱分子,就张弓搭箭,准备射他,幸亏侍卫官一眼认出了他,连忙一把抢下了正在弦上的箭,及时避免了误伤。

　　不久,京城又发生动乱。嵇绍跟随惠帝,出兵迎战于荡阴(今河南汤阳县)。惠帝战败,将士们死的死,伤的伤,许多人见势不妙逃走了,只有嵇绍始终紧跟在惠帝左右,保护着他。敌人的飞箭,雨点似的飞来,嵇绍身中数箭,鲜血直流,滴在惠帝的御袍上。嵇绍就这样死在了惠帝的身边。事后,惠帝的侍从要洗去御袍上的血迹,惠帝说:"别洗别洗,这是嵇侍中的血啊!"

赏析

我们要努力让自己变得出类拔萃,没有人会阻止你变得优秀,真正能够阻止你的人只有你自己。

在平庸的人中间我们可以突显自己,在优秀的人面前我们可以提高自己。这样,无论在怎样的环境下,在怎样的人面前,我们都不会失去自己的目标,不会因为别人的优秀或暂时的平凡而忘记我们自己最初的梦想。

狐假虎威　　语出——《战国策》

释义

狐狸凭借着老虎的威势吓唬群兽。比喻倚仗别人的势力欺压人。

故事

战国时期,楚国有个大将叫昭奚恤,这个人很有才干,多次领兵打了

胜仗,北方各诸侯对他都很敬畏。

有一次,楚国的国君楚宣王召集大臣们议事。他问大臣们说:"我听说北方的国家都很害怕昭奚恤,是真的吗?"

大臣们都默不作声,不知该怎样回答。有个叫江乙的大臣,很有智谋,他揣摩了一番楚宣王的心理,就说:"大王,不是这样的。那些国家并不是惧怕昭奚恤,而是惧怕您呀。我曾听说过这样一个故事:

"以前,有一只老虎,在森林里寻找猎物,抓到了一只狐狸,老虎正要吃狐狸时,狐狸开口道:'你怎么敢吃我!我是天帝派来管理百兽的,你今天吃了我,是违抗天帝的旨意,天帝会降罪于你的。'

"老虎知道狐狸一向以狡猾闻名,有些不相信它的话。但听它说得一本正经,又不敢不信。正犹豫间,狐狸又说:'你如果以为我说的是假话,我们可以到森林里去走一趟,我在前面,你跟在我后面看看那些野兽见了我害怕不害怕。'

"老虎同意了,就跟着狐狸到森林里去。森林里的野兽见跟在狐狸后面的老虎,都吓得拼命逃跑。可是老虎却不知道百兽是害怕自己而逃的,以为它们真的害怕狐狸呢!

"大王现在占有五千多里方圆的地盘,还有雄兵百万,这百万大兵都归昭奚恤管辖,所以北方的几个国家都怕他。其实他们是害怕您的兵马,这就如同'狐假虎威'一样啊!"

楚宣王听了这番话后,果然很高兴,把江乙大大夸奖了一番。群臣们也大大松了一口气,都暗暗佩服江乙有智慧。

 赏析 ···

狐狸永远是狐狸,老虎永远是老虎。狐假虎威总会有被人识破的一天,不要妄想一辈子都披着那张"虎皮大衣"。

我们在人生路中,可能要寻求父母的庇护,寻求朋友的帮助。不过,千万不要指望一辈子都能够借助他们的能力为自己打天下。那样的话,自己遇到挫折很容易就会遭受毁灭性的打击。让自己坚强起来,让自己成为真正的"老虎"才能够统治自己的世界,把握住自己的人生。

囫囵吞枣　语出——《朱子语类》

释义

原指把枣整个吞下去,不加咀嚼,不辨滋味。后用来比喻理解事物笼统含糊或学习时生吞活剥,不求甚解。

故事

从前,有个人,喜欢自作聪明,常常闹出一些笑话来。有一次,他向一位老医生请教,吃什么水果对身体最有益。老医生对他说:"水果各有各的特性,每种水果对人的身体都有益处,但吃多了,也会带来害处。比如说吃梨子对牙齿有好处,但吃多了,就会损伤脾胃。枣子呢,对脾有健补作用,但吃多了,对牙齿又不利,所以吃什么东西,都要适量啊!"

这个人听了老医生的话,皱着眉头考虑了一会儿,忽然面露得意之色,摇头晃脑地说:"我有办法既可以得水果对人体之益,又可不受它的伤害。"

老医生颇感兴趣地问:"你有什么好办法呀,能告诉我吗?"

38

"我的办法就是,对不同的水果,用不同的办法去吃。比方吃梨子,只在嘴里嚼,不咽下肚去;吃枣子,不用牙齿咬,整个儿吞下去。这样,就有益无损,既不伤牙齿,也不伤脾胃了。"

老医生听了,忍不住笑道:"你这个办法可不怎么样。吃梨子只嚼不咽倒还可以做到,吃枣子不嚼而咽,却很为难。你那样囫囵吞枣,滋味可不好受啊!"

 赏析

枣核是难以消化的东西,如果把整个枣子吞下去,消化不良是一定的。对于美味,不细细咀嚼就难以感受透彻其中的美妙。我们读一本书,如果连文字都没有看清楚,连一句话都没有理解透彻,那从这本书中,我们能够得到的也只是眼睛的疲累罢了。

认真地去品味生活,品味人生,我们才能够得到真正充实的快乐。如果只是匆匆走过,不看周遭,那么一切就都没有趣味。

画龙点睛　语出——《历代名画记》

 释义

给壁画上的龙画上眼睛。比喻作文或说话时加上一两句关键的话,使内容更加精辟有力。

 故事

南北朝时期,建都在金陵（今江苏南京市）的梁朝有一位著名的大画家名叫张僧繇（yáo），他的画特别传神。画动物,像会蹦跳;画人物,像会说话。皇亲贵族、富商大贾都争相索要他的画。

传说有一年,他给金陵安乐寺作壁画。他在墙上画了四条龙,画得惟妙惟肖,四条张牙舞爪的龙好像会随时腾空飞去,真是活灵活现。老百姓听说张僧繇画了四条像真的一样的龙,都纷纷跑来观看,人人赞不绝口。

忽然有个人发现问题,失声叫道:"咦,这龙怎么没有眼睛？"大伙仔细一瞧,四条龙果然都没有眼睛,刚才只顾赞叹了,竟没有发现。于是,大家七嘴八舌地和张僧繇问道:"你为什么不画眼睛呀？"

张僧繇说:"如果画上眼睛,它们就会飞走了。"

人们一阵哄笑。这个说:"你骗人,画在墙上的龙还会变成真的吗？"那个道:"你说得太玄乎,请你给龙画上眼睛,让我们看看它是不是真会飞走！"

张僧繇见大伙儿都恳切请求,无法推辞,就给壁画上的龙轻轻点上了眼睛。他刚点完第二条龙的眼睛时,忽然电光一闪,轰隆一声炸雷,把大伙儿都吓了一跳。一时间风雨交加,天昏地暗,雷鸣电闪中,只见两条龙挣破墙壁,腾空而起,一会儿就不知去向了。再看那墙壁,只剩下两条尚未点眼睛的龙了。所有目睹张僧繇画龙点睛的人都不由啧啧称奇,夸张僧繇是个神画家。

 赏析

如果龙没有眼睛,那么龙就失去了神采,不能称之为龙了;球场上,不管配合多么完美,动作多么潇洒,只有把球送入球门才能得分。我们做一

件事情，无论之前做得如何出色，但是关键时刻的那一步没有做好，可能一切都会等于0。

所以，我们要专注于事物的关键点，不要半途而废。画好最后的点睛之笔，事物才能够变得完满，一切的努力才不会白费。如果事物少了最美好的点缀，可能就会黯淡无光。

画蛇添足　　语出——《战国策》

释义

画蛇时给蛇添上脚。比喻多此一举，不但无益，反而不合适。也比喻虚构事实，无中生有。

故事

战国时期，楚国的国君楚怀王派昭阳为将，领兵讨伐魏国，昭阳是员猛将，他带领将士一路猛攻猛打，一举攻占了魏国八座城池，楚军大胜。但昭阳似乎意犹未尽，又想领兵乘胜去攻打齐国，齐王得到消息后，很着急。当时，秦国的使者陈轸正出使到齐国，齐王就请他去见昭阳，说服他不要与齐动武。陈轸见了昭阳后，并不立即说明来意，而是问："按贵国的规定，像您今天取得这样辉煌的战果，应受到什么样的奖赏？"

昭阳得意地说："官封为上柱国，爵为上执珪！"

陈轸又问："那么还有比这官更大的吗？"

昭阳回答说："当然有啊，更大的是令尹。"

陈轸接过话头说："令尹虽然更加显贵，但是楚国现在已有令尹，楚怀王是不会为了赏功设置两个令尹的吧？请听我讲个故事：楚国有一个人家祭祀祖先，祭祀过后，主人就把祭祀用过的酒赏给办事的人喝，这壶酒如果大家都喝是不够喝的，但如果给一个人喝，就能喝个痛快。于是有人建议：每个人都在地上画一条蛇，谁在第一个画完，这壶酒就归谁。大家同意了，就开始画起来。有一个人画得很快，不一会儿就画好了，他一把拿过酒壶正准备喝，看着别人还都在慢慢画。他很想显显自己的本事，就左手拿着酒壶，右手继续画蛇，边画边说：'我再给蛇画几只脚还来得及呢！'谁知，他蛇脚还没有画好，另一个已画好了蛇。那人一把抢过酒壶说：'蛇本没有蛇脚，你怎么为它添上脚呢？这酒归我了。'说着，就把酒喝了。为蛇添足的人，终于没有喝到酒。

"现在，您为楚国打败了魏军，得了八座城池，还不息兵，而要去讨伐齐国。我认为，即使你把齐国打败了，官也不会升得更高了。如果万一打不赢齐国，反而要前功尽弃，那就无异于'画蛇添足'了。不如趁现在大功已告成，赶快退兵吧！"

昭阳听了陈轸的话，觉得很有道理，就领兵回国了。

 赏析

做事情，我们总是喜欢做得完美。只是，很多时候总是适得其反，本来完美的东西我们却添枝加叶，让它变得不合理了。

做任何一件事情时，我们要细致地观察，冷静地分析，不要被自己那颗苛求完美的心扰乱了我们的理智。否则，我们眼中完美的"蛇"，可能就要变成"蜈蚣"了。不要为了追求不实际的完美，失去了事物的本真。

 鸡鸣狗盗　语出——《史记》

 释义

指微不足道的本领。也指偷偷摸摸的行为。鸣：叫；盗：偷东西。

 故事

　　战国时期，齐国有一位孟尝君，他家招揽了几十名食客，凡是志士能人，有特殊本领的人士，不问家世出身、高贵低贱，他一律以礼相待，因此投奔他的人很多。

　　有一年，孟尝君出游秦国，送给秦昭王一件名贵的白狐狸皮袍子。秦昭王早已知道孟尝君是位有雄才大略的人，准备请孟尝君担任秦国的宰相。秦国的大臣们知道后，十分忧虑，有一个人悄悄地对秦昭王说："千万不能让他做宰相，他是齐国人，办事一定先替齐国着想，对秦国是很危险的。他很能干，既然到了这里，我们就不应该放他回去。"秦昭王听了，立刻下令把孟尝君看管起来。

　　孟尝君觉得事情不妙，便想方设法逃离秦国，他暗暗派人去找秦昭王的宠姬，但此人要求孟尝君把那件白狐狸皮袍子送给她。这下孟尝君为难了：怎么才能从秦昭王那里拿回白狐狸皮袍子呢？他思来想去毫无办法，十分焦急。

　　随同孟尝君出游的食客中，有一个人会装狗偷盗，平时别的食客常讥笑他。事到如今，大家束手无策，他却有了办法。当天夜里，他独自一人悄悄来到王宫，装着狗爬进秦昭王的宫殿里，神不知鬼不觉地偷出了那件白狐狸皮袍子。接着，他来到那位妃子的住处，说孟尝君派他献上白狐狸皮袍子。妃子非常高兴,收下皮袍子。第二天,她在秦昭王面前替孟尝君说情,请求放掉孟尝君,秦昭王糊里糊涂地答应了。

孟尝君担心秦昭王说话不算数,连夜带着食客赶路。他们来到秦国边境,却被关卡拦住了,守兵说必须等鸡叫时才让人进出。孟尝君焦急万分,这时食客中有一个会学鸡叫的人,偷偷地学着公鸡啼鸣,霎时间附近的公鸡全部啼叫起来。孟尝君死里逃生,转危为安,高兴得心花怒放。食客们都说,莫要小看鸡鸣狗盗,关键时刻发挥了大作用哩!

 赏析

都说:"三百六十行,行行出状元。"一个人的才能在任何一个领域都能得以体现,只要他是真正精通了,就必定有发挥作用的时候。

殊不知有多少获得大成就的人,从小都有自己"微不足道"的特长。最后他们却实现了自身的价值,也为社会创造了价值。不管是什么样的才能,不要急着去恶意地抹杀掉,要相信总会有它价值体现的一天。因此,我们需要在学习之外找一些自己喜欢的事情,认真地去做,也许某一天这些兴趣也能派上大用场。

近水楼台 语出——《清夜录》

 释义

水边的楼台先得到月光。比喻接近某些人或事物,能优先得到某种利益。

 故事

北宋仁宗时,有位著名的文学家名叫范仲淹,他不仅文学成就很高,而且做官政绩显著;至于为人处世,对待朋友和部属,更是谦和有礼,为人称道。范仲淹年幼时父母双亡,是个贫苦的孤儿,但却志向远大,通过勤奋自学,博览群书,最后成为一位才识渊博的大学问家。后来,他在朝廷任职,担任过吏部员外郎、龙图阁大学士等高级官员,还被派往边关镇守重地,抵御外族对内地的侵犯,为国家作出了重大的贡献。

有一年,范仲淹被朝廷派往浙江担任杭州知府。城中文武官员以及他过去的老部下,有许多人才学品行都很好,当时正是国家用人之时,范仲淹就根据对各人的了解,推荐他们做官。大多数部下得到他的推荐提拔,受到他的关心帮助,做了官后都很称职,因此人们对他更为尊敬。

范仲淹有一个老部下名叫苏麟,人品学识都不错,因为当时在外地巡查工作,不在杭州城里,因此没有得到范仲淹的推荐文书,没有得到官职。有一次,苏麟到杭州来办事,写了一首诗,见到范仲淹后就把这首诗献了上去。

诗中有这样两句:

近水楼台先得月,

向阳花木易成春。

范仲淹微微一笑,立刻明白了其中的意思。这两句原意是说,靠近水边的楼台亭阁,能先得到月光;向阳生长的花草树木,能先得到春天的温暖。实际上却寓含着这样的意思:在您身边的人都优先获得了做官的机会;而我却还没有得到您的关心照顾呢! 于是,范仲淹征询了苏麟的意见,提笔写了一封推荐信,满足了他的要求。

 赏析

那些优秀的人,总是有自己的过人之处。我们要学会欣赏他们的优秀,不去嫉妒别人,甚至刻意去疏远别人。因为嫉妒比自己优秀的人,只会让你更加相形见绌。最好的做法就是尽量去靠近他们,学习他们的长处。而且你和他们关系紧密的话,对方也不会吝啬自己的帮助。近水楼台先得月,只有虚心向优秀的人学习,我们才能够更快地提高自己。

精卫填海　　语出——《山海经》

 释义

精卫衔木石,决心填平大海。比喻不畏艰难,矢志不移的坚毅精神。

故事

　　传说远古时候,太阳神炎帝有一位活泼美丽的小女儿女娃。她和父母住在东海边,每天她的父亲都要在海里洗澡,然后才出去工作。因此女娃也非常喜爱大海,喜欢看大海的波涛,喜欢看海面上的飞鸥,更喜欢在沙滩上拾色彩斑斓的贝壳。

　　有一天,女娃又在沙滩上玩耍,拾了许多贝壳,追逐着浪花嬉戏。忽然风云突变,天空霎时变得乌黑。女娃爬上一块礁石恐惧地呼喊,可是她家里人根本听不见。狂风挟着暴雨铺天盖地席卷而来,怒吼的浪涛像群猛兽冲上海岸。女娃躲避不及,被巨浪卷进了汹涌的大海。

　　后来,狂风暴雨停息了,大海又像往常一样一碧万顷。这时,从海面上飞起一只美丽的小鸟,悲哀地鸣叫着,飞到西方的发鸠山上。这只小鸟就是女娃变的!她的头上长着美丽的花纹,她的嘴巴是白色的,两只小脚是红色的,不停地呼唤着"精卫——精卫——"

　　当精卫鸟还是女娃的时候是那么喜欢大海,可现在却对它充满了深仇大恨!这浩瀚无边的大海夺去了她的生命,她发誓要填平大海,不论自己在大海面前是多么渺小。于是,精卫鸟从发鸠山上衔起一根根枯枝、一块块石子,飞到茫茫的海面上投下去。一日复一日,一年又一年,从不间断。虽然大海没有被她填平,可是她这种不畏艰难、矢志不移的坚毅精神是多么伟大啊!

　　海燕被精卫鸟的精神感动了,为了替精卫鸟复仇,他也勇敢地向大海宣战。后来,精卫鸟同海燕在战斗中结成配偶。他们生下的孩子,雄的是海燕,雌的是精卫鸟。他们的后代都成为搏击风浪的斗士,海燕在暴风雨中迎战海浪,精卫鸟则一代又一代衔来树枝和石子投入海中,发誓要把大海填平。

赏析

人生如一个沙漏，一粒粒五彩的细沙慢慢地堆积成了不一样的生活，有时候我们只是为一个信念坚持着一种不可能的事情，久而久之便成了一种习惯。于是，坚毅可以成为一种习惯，搏击也可以成为一种习惯。当坚持成为习惯，日复一日，也许不一定会到达你最终的巅峰，但有了这样一种努力的过程，结果本身已经不再重要了！

举棋不定 语出——《左传》

 释义

拿着棋子，不知走哪一着才好。比喻做事犹豫不决，拿不定主意。

 故事

卫献公是个非常残暴骄横的国君，大臣们整日提心吊胆，唯恐大祸临头，人人心怀怨恨。卫国大夫孙文子和宁惠子是两辈老臣，眼见国家处于危急之际，卫献公大失民心，于是发动政变，把卫献公赶下了台。

卫献公逃出卫国，到齐国避难，可是禀性难移，仍然骄横霸道，时刻妄想回国当国君。孙文子和宁惠子把持着卫国朝政大权，后来宁惠子有些后悔了，觉得自己不该把国君赶走。几年后宁惠子死了，临死前对儿子宁

喜说,他对驱逐国君这事很后悔,希望宁喜有机会能把卫献公接回卫国来。宁喜答应了。

卫献公在齐国避难的十二年里,一直注意卫国的动态,宁惠子死后,他立刻派人同宁喜商量回国复位的事,许诺回国后让宁喜执掌朝政,他什么事也不问。宁喜非常高兴,答应下来。朝中大臣们听说后纷纷反对,都说,如果卫献公复位,大家必死无疑。

卫国大夫太叔文子说:《诗经》里曾经说过,我自己尚且无处存身,哪里还能顾得上我的后代? 看来宁喜是不管他的后代了。把卫献公接回来恢复君位,那是万万行不通的。君子做事,要考虑到事情的后果。《尚书》里说,谨慎地对待事情的开始,并且小心地做好事情的结束,这才不会陷入困地。《诗经》里又说:从早晨一直到夜里,毫不懈怠,专心侍奉一位君主。现在宁喜对待国君还不如下棋那样慎重,他怎么能避免灾祸呢? 下棋的人如果举棋不定,就战胜不了对方。何况是安置国君这件大事呢? 可惜啊可惜,他宁喜九世为卿的家族,眼看就要一举灭亡了!

宁喜不听从大臣们的劝告,一意孤行,终于把卫献公接到卫国,恢复了他的国君地位。卫献公不履行对宁喜的诺言,念念不忘自己被驱逐的耻辱,后来果然把宁喜全家都杀掉了。

 赏析

遇到事情,犹豫不决是很多人的问题。患得患失的心情谁都会有,但是问题不会因为我们的犹豫而凭空消失,它会一直存在着。

特别是在关键的时候,举棋不定只会延误了时机,让事情变得更加糟糕。如果我们有勇气去面对错误或失败,努力去解决眼前的困难,至少我们还有机会成功。如果只是犹豫不决,而不去行动,我们就只能面对失败了,因为没有为成功努力过,成功自然也不会光临了。

口蜜腹剑　　语出——《资治通鉴》

释义

嘴上甜，心里狠。比喻口头说话好听，像蜜一样甜，肚里却怀着阴谋，想暗害人。

故事

唐玄宗时，朝中有个官员名叫李林甫，同皇帝一个宗族，担任兵部尚书，兼任中书令，职位是宰相，权势显赫，不可一世。李林甫很有才艺，字写得很好，又擅长绘画，很受唐玄宗的赏识和重用。

可是，李林甫的品德很恶劣。他善于谄媚逢迎，拍马屁的本领极高，竭力迎合唐玄宗，看皇帝眼色行事，竭尽歌功颂德、曲意巴结之能事，骗取皇帝的夸奖。对唐玄宗喜爱的心腹宦官和宠妃，他也是想方设法讨好卖乖，取得他们的欢心，保住自己的官位。他就是依靠这种特殊的本领蒙蔽了皇帝和皇帝身边的人，竟然官运亨通，在朝中高居宰相之位，达十九年之久。

平时，李林甫和同僚们接触，总是装出一副态度恭谦、平易近人的模样，说话和气，好话连篇，看起来像是一位办事公正、善解人意的忠臣良相，实际上却非常阴险狡猾，手段毒辣。他专门同有权势的人结交，结成帮派，壮大自己的势力。凡是有才学有见识的人，他都非常妒忌，如果哪位官员功业超过他，被皇帝重用，地位威胁到他，他一定要想方设法把这个人除掉。他认为自己才学极高，因此特别忌恨有才学的人。

为了掌握唐玄宗的言行举止、爱好和想法，李林甫用金钱玉帛买通了宦官和皇帝的嫔妃，因此唐玄宗那儿有什么消息，他马上就能知道。有一

次，他听说唐玄宗要重用兵部侍郎卢绚，便立刻把卢绚调到外地，不久又把卢绚降职，却对唐玄宗说卢绚有病，不能重用。又有一次，他知道唐玄宗想重用严挺之，就把严挺之请到京城来看病，然后告诉唐玄宗，说严挺之年老体弱，正在医治。他就这样玩弄两面三刀的手腕，妒贤嫉能，陷害了许多比他才能高的人。

了解李林甫的人，都说他口蜜腹剑，对他十分痛恨，畏而远之。

赏析

对于那些嘴上像抹了蜜的人，我们应该敬而远之。虽然人人都喜欢听好话，而不喜欢听苦口的良言，但是苦口良言往往能治病，而那些蜜糖一样的好话可能会像暗箭一样刺伤你。我们要远离那些说话两面三刀的人。特别是那些不顾事实，甚至可以说歪曲事实去奉承周围的人。因为如果我们靠近了，迟早会被他们的糖衣炮弹给击中了。相反，那些能够仗义执言，甚至不惜冒犯自己的人，才是真正的朋友。

口若悬河　　语出——《世说新语》

释义

说起话来像山上流泻下来的河水，滔滔不绝。形容能言善辩。

故事

晋朝有一位著名的学者,名叫郭象,字子玄,湖南人。他饱读群书,满腹经纶,说起话来旁征博引,融贯古今,以能言善辩而闻名于世。

郭象小时候就非常聪明,喜欢听大人们在一起谈古论今,所说的有趣的事,记得非常清楚。同小朋友在一起玩耍时,他经常给大家讲故事,很简单的小故事,他讲述起来有声有色,出神入化,来龙去脉非常清楚,小朋友们个个都听得入了迷。幼年求学时,郭象非常勤奋,凡是不懂的地方,再三向老师请教,直到完全弄懂为止。他勤学好问,对于日常生活中遇到的问题,总爱刨根问底,非找到正确的答案不可。他的记忆力非常好,读过的书都能背诵下来,一旦提问,他便滚瓜烂熟地回答出来。

郭象很小的时候,就对《老子》、《庄子》这两本书产生了浓厚的兴趣。其他的小朋友根本不能理解这两本非常深奥的古书,郭象不但能全文背诵下来,而且能逐句地解说出来。由于他潜心研究老子和庄子的学说,受老庄著作博大宏深的理论方法影响,所以思维敏捷,谈论起问题来,总是条理清晰,头头是道。

郭象成年后学识更加丰富,纵论古今,评说时政,出语惊人,见解独到。凡是听过他谈论的人,都十分敬佩和羡慕他的口才。当时有一位名叫王衍的太尉曾经评论郭象说:"听郭象谈话,如同悬在山上的大河,河水不断地流泻下来,永远没有枯竭的时候(口若悬河)。"

州郡听说出了这样一位能人贤才,好几次上门请郭象去做官,可是郭象都谢绝了。他对朋友们说:"我这样悠闲地住在家里,看看书,写写文章,研究世上的学问,多么愉快啊!"

后来朝廷下了任命,郭象才担任了黄门侍郎。他一生只做几年官,渊博的学识,机灵的口才,给大臣们留下了极深的印象。

 赏析

唐代大诗人杜甫曾写下这样的名句:"读书破万卷,下笔如有神。"比喻读过很多书以后,写文章的时候就能得心应手。古今中外,任何一个有杰出成就的学者大家,无一不是勤奋好学、博览群书者。说话也是一个道理,都是表达自己的内心想法,只有你视野宽广了,肚里有墨水了,说话时才能滔滔不绝,对听众来说才会有说服力。如果我们不去努力学习,勤加练习,是难以拥有像站在讲台上演讲家那样慷慨激昂的人生的。

胯下之辱　语出——《史记》

 释义

从胯下爬过的耻辱。比喻有才能的人暂时忍受耻辱,称赞那些能忍小辱而终成大器的人为受得"胯下之辱"。

 故事

韩信年轻时家里很贫困,常常赖在别人家里吃住。日子久了,大家都讨厌他。有一次,他寄住在南昌亭长家里,一连数月,光吃不做。亭长的妻子想了个办法,她趁韩信睡懒觉时,早早地做好饭,一家人端在被窝里吃,等到韩信起床后,什么吃的也没有了。韩信知道是捉弄他,一怒之下,

离开了亭长家。

一天，韩信来到护城河边钓鱼，他想钓一条鱼来充饥，可怎么也钓不到。这时候，有一位在河边漂洗棉絮的妇人见他实在可怜，就把带来的饭给他吃。见有饭吃，韩信就天天来河边钓鱼，一连吃了十天，最后他对那妇人说："我一定要报答你！"不料那妇人反而骂他说："男子汉大丈夫不能自立，还谈得上报答吗？我同情你，才给你吃，谁稀罕你的报答！"韩信羞愧地离开了那妇人。

后来，韩信来到市场里，一个屠户围上来对他指手画脚地说："韩信，别以为你长得高大，身上佩着剑，我就会怕你！其实你是一个胆小的人。喂，我们打个赌：如果你胆大，就拿剑来把我杀死；如果你胆小，那就从我的胯下爬过去！"说完，这个屠户张开双腿。

韩信想，一个人连这点侮辱都不能忍受，今后怎么能成大就？于是，他趴下身子，从他的胯下慢慢地爬了过去。

 赏析

常有人说：忍字心头一把刀。儒家中心思想之一就是"和为贵"，道家也强调"忍"和"避让"，提倡在为人处事上，打太极似的回旋策略，不要过于冲动和鲁莽。

化解矛盾冲突时，我们没有必要非得强出头，像韩信那样能屈能伸才是真正的"大丈夫"。即使在日常生活中，我们也应常常发挥忍耐、谦让的精神，这样与家人和朋友之间才能相处得更加和谐。

狼子野心　语出——《左传》

 释义

狼的幼子虽小，却有凶恶的本性。比喻凶暴的人居心狠毒，习性难改。狼子：狼的幼子。

 故事

春秋时期，楚国统治集团若敖氏家族的成员斗伯比，他的母亲是鄅国女子，其父死后，斗伯比就跟随母亲生活在鄅国。

斗伯比长大以后，和鄅国统治者鄅子的女儿私通，生了子文。鄅子夫人把女儿的这个私生子扔在云梦泽里，不料竟有老虎给他喂奶。鄅子和夫人惊奇不已，便让人收养了子文。楚国人把奶叫做"谷"，称老虎为"於菟（wū tú）"，所以他们给这个孩子取名叫斗谷於菟。他就是后来官任楚国令尹的子文。

后来，鄅子干脆把女儿嫁给了斗伯比，又生了个儿子，他就是后来在楚国任司马的子良。

子良的儿子越椒，字子越。这孩子生下来不久，子文就对弟弟子良说：

"一定要杀掉这个孩子！他的形状像熊虎一样，又发出豺狼嗥叫般的声音，今天不杀掉他，将来他一定会招来若敖氏家族灭亡的灾祸。俗话说：'狼子野心'。这孩子是条狼，难道还能养着吗？"

子良没有听从哥哥的主意，越椒也逐渐长大成人。

子文越来越觉得越椒是家族内的一大隐患，他临死前，召集他的族人，说：

"如果越椒一旦执政,你们就赶快逃走吧!以免遭到灾祸。"

接着伤心地哭道:

"鬼也是要吃东西的,若敖氏家族一旦灭绝,若敖氏的亡灵恐怕也要挨饿吧!"

令尹子文死后,越椒果然兴风作浪。

 赏析

农夫与蛇的故事相信很多人都听过,现实社会中就有很多类似"农夫与蛇"的事情屡屡上演。

我们需要选择自己的朋友,不是所有的人都能够成为朋友,很多人是游离在我们的世界之外的。如果不善于交朋友,不去慎重地交朋友,那就可能交到坏朋友。大千世界,我们要选择好身边的那些人,因为这些人,可能是我们的良师益友,让我们受益终生。

老当益壮　　语出——《后汉书》

 释义

原指年纪老了,志气应当更壮。现多形容人老干劲大。

故事

　　东汉时期，汉光武帝有员名将叫马援，字文渊，是战国时期赵国名将赵奢的后代，为汉武帝平定边境地区立下很多战功，对东汉初年的社会安定发挥了重要的作用，一生兢兢业业、老年战死在疆场。

　　马援小时候就有远大志向，非常向往在边疆地区策马驰骋，放牧牛羊，自由自在。成年后，他担任扶风郡的督邮，官职不大，却十分同情受苦受难的平民百姓。有一次，马援押送犯人到长安去，觉得犯人很可怜，在半路上私自把犯人释放了，因此遭到官府的追捕。马援东躲西藏，逃到北方隐蔽起来，开始实现少年时代的志向，开辟土地，放养牛羊。后来朝廷大赦天下，马援得到赦免，更加自由自在地进行畜牧业和农业生产，几年后就拥有几千头牛羊，几万石粮食，成了富翁。马援并不看重财富，把所有的财富分给亲朋好友，自己身披羊皮四处游历，边境地区的山山水水都留下了他的足迹。

　　王莽篡权称帝后，被农民起义军杀死，陇西的隗嚣乘天下大乱之际起兵。隗嚣很器重马援的才华，封他高官，同时商议军机大事。但马援深知隗嚣是无能之辈，毅然离开，投奔刘秀。刘秀早闻马援大名，求之不得，立刻授予他重任。

　　刘秀称帝后，为了消灭隗嚣的割据势力，亲自率领大军征讨陇西，谁知山高路险、人地生疏，无法进军。这时刘秀召来马援，马援深知隗嚣内部不和，认为速战定能取胜，他依靠自己对陇西地形的熟悉情况，为刘秀制定进军路线，提出作战计划。结果第一仗汉军就把隗嚣军队打得措手不及，接着汉军连连取胜，隗嚣的军队很快土崩瓦解，刘秀终于平定西部地区。

　　马援被封为太中大夫，驻守凉州。不久，陇西羌人作乱，光武帝刘秀调遣马援平定陇西，封他为陇西太守。马援火速赶到陇西，顾不上休息，立刻率领三千骑兵向羌人军队发动攻击，一举击溃羌军，缴获上万头牲畜，当晚八千多羌军士兵主动投降。第二天，马援率领一小队人马奔袭允吾谷，把羌军的家属和粮食全部扣押。接着，他兵分两路，包围羌军主力占据的山头。自己亲自率领小分队从山后攻上山顶，火攻敌军营帐，擂鼓呐喊。羌军被杀得人仰马翻，仓皇逃窜。战斗中，马援腿部中箭，仍坚持战斗，十几天后，马援彻底平定了陇西，百姓纷纷返回家园，恢复生产，安居乐业。光武帝闻讯十分高兴，派人送来牛马赏赐马援，马援立刻把这些东西分给手下的将士们。

几年后，陇右地区的羌人和塞外的一些游牧部族纠集上万兵马作战，掠夺汉人财产，屠杀百姓，马援率领四千士兵前去征讨，把羌军围困在荒山上，几天后羌军饥渴难受，一片恐慌，除了一部分人逃往塞外，其他万余羌人全部投降。马援很快平定了陇右。

不久，岭南交趾（今越南北部）地区征侧、征贰姐妹起兵造反，征侧自立为帝，南方几个地区纷纷响应，攻下六十多个城镇。马援被光武帝封为伏波将军，率领大军乘海船抵达交趾，兵分两路，在浪泊地区大败敌军，俘虏近万人，接着马援乘胜追击，几天后就平定了岭南地区，抓获征侧、征贰姐妹。光武帝接到捷报，大为兴奋，封马援为新息侯。马援十分不安，犒劳全体将士，对他们说："小时候，我弟弟曾对我说，只要有衣有食，能得到乡亲称赞就行了，不要苦苦追求功名富贵。我觉得他说得很对。今天我能封侯，全仗大家的浴血奋战，我感到又喜又愧。"全体将士被他居功不傲的品格所感动。

马援62岁时，汉军去平定武陵动乱，结果全军覆没。马援向光武帝请求出战，光武帝劝他说："你征战无数，年纪大了，不要再出征了！"马援说："我不算老，披甲上阵易如反掌！"光武帝深为感动，令他率领四万大军征讨武陵。此时正是暑天，骄阳似火，敌军守住山头，居高临下，汉军的船只被急流所阻，久攻不下。许多官兵中暑，军营疾病流行，马援也病

倒了,但他仍坚持指挥部队。由于马援没有采纳另一部将的意见,那名部将报告朝廷、诬陷他指挥不当。朝廷派人来调查时,马援病重去世。

马援死在疆场,实现了平生的志愿。他生前对朋友说:"大丈夫要有志气,越穷困,志气越要坚定,年老了,志气更要雄壮(老当益壮)!"他征战一生,智勇刚强的精神为后代所景仰。

 赏析

人生是一个学无止境的过程,不管人生走到什么阶段,学习总不会多余,因为不同的人生阶段需要不同的知识来指导我们的方向,丰富我们的人生。只要我们有永远不倦怠的学习精神和态度,才会适应不断变化的社会环境,即使到了白发苍苍,也能老当益壮。

乐不思蜀　　语出——《三国志》

 释义

很快乐,不思念蜀国。比喻乐而忘本或乐而忘返。

 故事

三国时期,蜀主刘备死后,丞相诸葛亮辅佐后主刘禅治国。刘禅是个胸无大志,才学浅薄的人,把一切政事交由诸葛亮操劳,自己乐得轻松快活。后来诸葛亮率军北伐,在兵营中去世,蜀国政事就由姜维代劳。

魏国的司马昭见姜维在外率兵作战,蜀都空虚,刘禅无能,认为是灭掉蜀国的大好机会。于是兵分几路征伐蜀国。蜀后主刘禅心胆俱裂,投降魏军,一家老小被魏军带回魏都洛阳。刘禅担心魏元帝曹奂会杀了他,谁知曹奂对他好言安抚,封他为安乐县公,还赏赐给他大片土地和许多奴婢,连他的子孙也都封了官。刘禅受宠若惊,自此安心享乐,不把亡国之辱放在心上。

司马昭对刘禅不放心,想试一试他有无复国之心。有一次,司马昭大摆宴席,把刘禅和他的旧部下请来赴宴,还专门叫来戏班子演出蜀国的戏。刘禅的旧部下,听到熟悉的乡音,心情都很悲怆。可是刘禅依旧谈笑饮酒。司马昭看在眼里,悄悄对旁边的官员说:"你看,一个人没有感情竟然到了这种地步!像他这样的人,即使诸葛亮活着也不会思念,何况姜维呢!"

几天后,司马昭遇见刘禅,想起这件事,便问他:"你很想念蜀国吧?"刘禅笑嘻嘻地回答说:"这儿快乐得很,我不想念蜀国(乐不思蜀)。"后来,这件事被郤正知道了,他立即对刘禅说:"司马昭以后再这样问你,你应该哭着说:'祖先坟墓在蜀地,我非常悲痛,几乎天天思念!'"刘禅点点头。过了几天,司马昭又问刘禅这个问题,刘禅照郤正的话说了一遍。司马昭大笑起来,说:"这是郤正教你这样说的吧?"刘禅吃惊地说:"对啊,你怎么知道的?"周围的人一齐哄笑起来。

 赏析

年轻的时候,我们总是对世界充满好奇:喜欢绿树红花的缤纷多彩,喜欢用泥沙堆砌起我们的梦想城堡……我们总是很沉迷于自己喜欢的事物,而对于自己不喜欢的就不闻不问。但是实际上,很多事情是我们不一

定喜欢却必须要做的。

　　沉迷于自己的爱好的时候，我们得分析和思考，自己以后的人生应该是什么样子？我们应该为理想的人生做怎样的铺垫，毕竟沙土堆积而成的城堡是容易坍塌的。我们可以沉浸在自己的欢乐中，但是不可不思"蜀地"，那才是我们奋斗的归宿，那才是人生的意义。没有意义的欢乐，是没有价值，也是短暂的。

利令智昏　　语出——《史记》

释义

　　因贪图私利而失去理智，把什么都忘了。令：使；智：理智；昏：昏乱，神志不清。

故事

　　战国时期，有一年，强大的秦国派大将白起为统帅，率领大军征讨韩国。韩国国小力弱，抵挡不住秦军的进攻，交通要道上的重要城镇野王，很快被秦军占领。野王失守，割断了上党地区同韩国内地的联系，使得上党孤立无援，坐以待毙。面对即将席卷而来的秦国大军，上党的守将冯亭坐立不安，苦无良策，不知如何是好。上党地区共有十三座城镇，秦国早已想占为己有，如今唾手可得，秦军洋洋得意。

冯亭思虑再三，认为与其被强秦攻占，不如把上党献给赵国，赵国势力强大，一定会尽全力保护上党，那时就不怕秦军的威逼了。于是冯亭派人去见赵王，请求接受上党。

赵王立即召集群臣计议。平阳君赵豹反对接受上党，他认为冯亭是在嫁祸于人，再说无缘无故接受好处，一定会有祸患发生。平原君赵胜却积极主张接受上党，他认为不费一兵一卒，何乐而不为？赵王被平原君的话打动了，决定接受上党。

于是赵胜赴上党，传达赵王旨意，封冯亭为华阳君，上党成为赵国的属地。

上党轻而易举被赵国收去，秦国恼恨至极。为了报复赵国，秦王派大将白起率领大军征讨赵国，赵国派老将廉颇率军迎战。战争进行了三年，后来秦军采用计谋，使赵国派纸上谈兵的赵括接替廉颇，长平一战，赵国四十万大军全军覆没。

西汉历史学家、《史记》作者司马迁评论这段历史时说，平原君利令智昏，结果赵国损失了四十万兵马，差点连国都邯郸也丢了。

 赏析

古往今来，因贪图一时利益，丧失理智做出愚蠢事情来的人不在少数。古代，君王因贪图一时利益，享受一时玩乐的，轻则危及国土，重则国家不保。而现代社会，因为贪图利益，一时利欲熏心做出违法犯罪事情的人也不少，他们就这样断送掉了自己的大好前程。

人内心的心安理得才是快乐真正的源泉。唯利是图的人成天心惊胆战，即使有了财富也不会踏实。人活一世不就是求过得心安理得，能美梦入睡吗？

马革裹尸

语出——《后汉书》

释义

用马皮把尸体包裹起来。比喻军人英勇赴敌、视死如归的大无畏精神。

故事

东汉初期的伏波将军马援,是协助光武帝刘秀统一天下的功臣。东汉基业奠定后,马援继续为抵御边疆少数民族的入侵,捍卫边疆人民的安全而驰骋沙场。

有一次,马援从陇西作战获胜回到京城。那时他年龄已经不小了。有人劝他说:"将军南征北战,在马背上度过了几十个春秋,够辛苦了。如今,即将步入老年,可以好好休息,在家享享福了。"

马援不以为然,摇摇头说:"不!捍卫国家安全,是军人的天职。目前陇西虽然已经平定,北方的乌桓和匈奴还在边境侵扰,男子汉大丈夫,应该有决心战死在沙场上,用马革裹着尸体回来埋葬,怎么能守在家中,老死在儿女的身边呢!"

马援说到做到,当匈奴贵族大肆进攻汉朝北方边境时,马援立刻上书,请求派他率兵前去征伐。光武帝同意后,他立即带大队人马启程,直趋北方。凭着他的威名和勇敢,打退了敌人的进攻,得胜还朝。

回京后不久,南方五溪的蛮族又不平静了,他们打败了汉朝的驻军,占领了好几个城池,光武帝为此十分不安。

此刻的马援已经六十二岁了。但他始终坚守"马革裹尸还"的信念,不顾年龄多大,上书要求为国分忧,到南方去平乱。

光武帝很感动，但他看到马援须发如雪，毕竟老了，再三劝他："将军年事已高，不比从前，还是不去吧！"

马援却不肯服老。他在殿前披上几十斤重的铠甲，飞身上马，来回驱驰，说："老臣筋骨尚健，不减当年，务请陛下批准到南方去，否则，老臣将坐卧不宁，反而会生病的。"

光武帝无奈，只能重让他出征。可是，这次很不幸，马援在前线得了严重的疟疾，卧床不起，难以上马杀敌。不久，就在南方病死，但也实现了他男子汉大丈夫要"马革裹尸还"的夙愿。

 赏析

古言道：人固有一死，或重于泰山，或轻于鸿毛。人生总有一死，一种是轰轰烈烈的死，一种是毫无意义的死。

像马援这样的军人战死沙场，为国捐躯，恰恰是那种重于泰山的死。他们战死沙场的时候未曾见自己的亲人最后一面，用自己血肉之躯铸就了那永垂不朽的钢铁军魂。也许，这才是一个军人最好的归宿，这样才更好地体现了一个军人的人生价值和生命的意义。

毛遂自荐　语出——《史记》

释义

毛遂自我推荐。比喻自告奋勇,自己推荐自己担任某项工作。

故事

战国时期,赵国平原君远虑,其门下养了许多食客,招纳了一批能人志士,为赵国的政治军事出谋划策,起了很大的作用。门客之中有一位叫做毛遂,已经在平原君家中住了三年,默默无闻,无所作为,平原君并没有在意他。

有一年,秦国大军包围了赵国的都城邯郸,赵国情势非常危急,赵王命令平原君前往楚国请求援救。平原君挑选了十九名能文能武的门客,准备出发。这时,一向默默无闻的毛遂突然来见平原君,自告奋勇要求随同平原君到楚国去,门客们一齐愣住了。

平原君见毛遂自荐,大为吃惊,便对他说:"一个人如果有贤德和才能,那么很快就会显露出来,好比锥子放进口袋,锥尖立刻露到外面。你在我家三年,未有什么表现,可见能力不行啊!"毛遂笑着说:"如果您以前允许我出谋划策,我的才能早已显露出来了。现在为时不晚,只要你带我去,一定会用得上我!"平原君见他说得有理,只好让他随着自

己出发。

平原君到了楚国,楚王隆重地接待他们一行。谈判开始后,平原君说明来意,同楚王商议联合出兵抗击秦军的大事,可是楚王东扯西拉,吞吞吐吐,总是谈不到要点上,从早晨谈到中午,还没有结果。平原君非常着急,因为秦军兵临城下,赵国随时有危险。

这时,只见毛遂怒气冲冲地走到楚王面前,一手提着利剑,一手毫不客气地拉住楚王的衣服,使楚王无法回避。接着,毛遂振振有词,一条一条讲出楚国出兵与赵国共同抗秦的利害关系。他说的慷慨激昂,道理明白,令人信服,楚王被他的气概震慑住了,非常佩服,不但没有责怪他无礼,反而体谅他的心情。这样,楚王立刻答应同平原君签订盟约,出兵抗秦,援救赵国。

平原君对毛遂的表现非常赞许,十分敬佩他的才干。事后,平原君拉着毛遂的手,夸奖他说:"先生的三寸不烂之舌,胜过百万大军!"从此,平原君对毛遂刮目相看,敬若上宾。

 赏析

金无足赤,人无完人。每个人活在世上,都不应该因为自己的某些缺点而自暴自弃,每个人都有优点,有可以发光的地方。充满自信心,善于发现自己的优点,并将其发挥在适合的地方,这样才能更好地体现自己的价值。

不要等待别人来发现自己的优点和才华,要有自信,遇到机会就应该好好把握,机会是可遇而不可求的,错过一次就很难再来。所以,一旦发现了适合自己的岗位就要主动站出来,发挥自己的才华,作出应有的贡献,实现自己的价值。

门可罗雀 语出——《史记》

 释义

大门之前可以张起网来捕麻雀。形容门庭冷落,宾客稀少。

 故事

汉武帝手下有两位大臣,一位叫汲黯,一位叫郑庄。他们都是贤臣,为官清正,刚直不阿,因此位列九卿,显赫非凡。在他们权势极盛之时,去拜访他们的人一批接着一批。但是,伴君如伴虎,他们俩后来被罢了官,一下子丢失了权势。这时候,再也没有人去拜访他们了。

为汲黯、郑庄写传记的《史记》作者司马迁在记叙了两人的事迹后,感慨地说:汲、郑的情况是如此,其他的人就更不用说了。接着,他又举了一个例子:

下邽(guī,今河南省渭南县)的翟(zhái)公曾经说过,他当廷尉(中央掌管司法的长官)的时候,来拜访他的宾客挤满了门庭,等到他被罢了官,谁都不来了,门口冷落得可以挂起捕鸟雀的网了。后来他官复原职,那些过去常来的宾客又想去拜访他。于是,他在门口写了以下几句话:

一生一死,乃知交情;

一贫一富,乃知交态;

一贵一贱,交情乃见。

赏析

人与人之间的感情很复杂,有些人简单真诚,有些人深不可测,只有在关键时刻才能见真正的交情。如果在贫富差距很大的情况下,他仍然可以对你如初,在生死攸关的时刻,他仍然关心你,为你着想,鼓励你支持你,这才是真正的交情。

人生得一知己不容易,如果你遇到了,请珍惜你们之间的友情。在要求他人真心付出的同时,我们自己也要把握好心中的天平,坦诚友善地对待朋友。

门庭若市   语出——《战国策》

释义

门前和庭院里人很多,如同集市。原形容进谏的人很多。现形容来客众多,非常热闹。

故事

战国时,齐国的相国邹忌,身材高大,容貌端庄。他为劝说齐威王放开言路,鼓励群臣进谏,就给齐威王讲了这样一个故事:

一天早晨,他穿好朝服,戴好帽子,对着镜子端详一番,然后问他的妻

68

子说:"我和城北徐公比较起来,谁长得英俊?""你英俊极了,徐公怎么比得上你呢?"妻子说。徐公是齐国出名的美男子,邹忌听了妻子的话,并不太敢相信自己真的比徐公英俊,于是他又去问他的爱妾,爱妾回答说:"徐公怎能比得上你呢?"第二天,邹忌家中来了一位客人,邹忌又问了客人,客人说:"徐公哪有你这样俊美呢?"过了几天,正巧徐公到邹忌家来拜访,邹忌便乘机仔细地打量徐公,拿他和自己比较。结果,他发现自己实在没有徐公漂亮。

于是,他对齐威王说:"我本来不如徐公漂亮,但妻、妾、客人都说我比他漂亮,这是因为妻偏护我,妾畏惧我,客人有事求我,所以他们都恭维我,不说真话。而我们齐国地方这么大,宫中上下,谁不偏护你,满朝文武,谁不畏惧你,全国百姓谁不希望得到你的关怀,看来恭维你的人一定更多,你一定被蒙蔽得非常严重了!"邹忌又劝谏说:"现在齐国地方千里,城池众多,大王接触的人也比我多得多,所受的蒙蔽也一定更多。大王如能开诚布公地征求意见,一定对国家有益。"齐威王听了,觉得很有道理,立刻下令说"无论是谁,能当面指出我过失的,给上赏;上奏章规劝我的,给中赏;在朝廷或街市中议论我的过失,并传到我耳中的,给下赏!"命令一下,群臣前去进谏的,朝廷门口一时川流不息,每天像市场一样热闹。

 赏析

每个人都有缺点,也会犯这样那样的错误。这个时候,如果封闭自己的内心,把自己用一层保护膜包起来,不但自己的错误得不到改正的机会,也会阻止别人向你提好建议的机会。故步自封从来不是解决问题的良策。

在错误和失败面前,我们只有敞开心扉,让阳光穿过我们心灵的窗户,阴霾才会散去。多听听别人的中肯建议总是好的。

名落孙山 语出——《过庭录》

 释义

　　名字落在了孙山的后面,即没有被录取。现在用来比喻参加比赛,选拔时没有被选上。

 故事

　　我国到了宋代,科举制度已经盛行。读书人要做官,就必须十年寒窗苦读,随后经过一定的手续,一级一级考上去。合格的人最终再经过选拔,被朝廷授予官职。

　　当时地方上最高一级的考试称为乡试,也就是集中在各省城举行的一种考试。考中的人称为举人。有了举人的资格,就可以到京城参加全国最后一级的考试——会试了。所以对读书人来说,能否被选拔为举人,对前途是至关重要的。

　　有一年秋天,正逢乡试选拔举人。有个名叫孙山的读书人早早整理行装,准备上省城去应考。孙山是个聪明人,能说会道,滑稽诙谐,外号叫"滑稽才子"。不仅家里人而且是乡里人,对他中举都寄予厚望。

　　临行前几天,乡里的一位老人来拜访孙山,希望孙山与他的儿子一起去应考,以便他儿子能得到一些照应。孙山比那老人的儿子长几岁,当即一口答应。

　　两人到省城后,顺利地参加了考试。考完后,就在省城及附近的一些名山大川玩玩,等待发榜。

　　发榜的那天终于盼到了。张榜处拥挤不堪,孙山好不容易才挤到了

70

一个勉强可以看到榜上名字的地方,他伸长脖子,睁大眼睛,紧张地看有没有自己的名字。

他一连看了两遍,都没有看到自己的名字,不禁冷汗涔涔,手脚发抖。再看一遍,才发现自己是榜上的最后一名。顿时,他转悲为喜。接着,又看乡人儿子的姓名,一连看了几遍,都榜上无名,于是返回驿馆(即旅馆)。

踏进房间,见乡人的儿子斜躺在床上发呆。原来他已知道自己落榜,闷闷不乐。孙山归心似箭,准备马上回乡,乡人的儿子则还想在省城待几天。于是孙山与他拜别先归。

孙山回到家里,左邻右舍听说他中了举,纷纷表示祝贺。那老人也来到他家,见儿子不在,焦急地问道:"我的儿子考中了没有?"

孙山没有正面回答中还是不中,而是念了两句诗:

"解(jiè)名尽处是孙山,贤郎更在孙山外。"

大家听了,一时都不知道是什么意思。但稍一领会,就清楚了。那老人自然也是如此。

原来,当时中了举人再到京城去参加进士的,都是由地方解送入试的。所以乡试第一名为解元,榜上的举人名字都称解名。这两名诗的意思是:举人的最后一名是我孙山,你儿子的大名还落在我孙山之后呢。这显然是没有考中的另一种说法。

赏析

年轻就是用来学习,年轻就是用来增加历练的。我们因为年轻而渴望求知,我们因为年轻还有时间去经历。就像古代,所有的书生都是为了金榜题名,我们也一定对自己的梦想充满了期待,希望也能够在自己的梦想里"榜上有名"。如果我们不曾为梦想努力,不曾为了梦想做好准备,那么成功者的榜单上,一定不会有我们的名字。等到那时,可能只能用悔恨的泪水来洗涤那些伤痛了。因此，我们要时刻牢记自己内心的榜单，时刻不要丢掉在上面镌刻自己名字的信念。

墨守成规　　语出——《墨子》

释义

比喻人固执地保守自己的见解、老规矩，而不厉行革新和争取进步。

故事

春秋时期，有一年，楚王请来鲁国的能工巧匠公输班，让他为自己制造攻城用的云梯，准备用它去攻打宋国。

墨子听到了这个消息，心里十分着急。他向来反对不义战争，于是日夜兼程赶赴楚国，去劝楚王不要进攻宋国。

走了十天十夜，墨子终于来到了楚都郢城。墨子稍作休息，就跑到公输班那里，故意激怒他说："北方有一个人侮辱了我，我送给你十斤黄金，你帮我杀了那人！"果然，公输班听了很不高兴，嚷嚷说："我是个重仁义的人，怎么能去杀人呢？"

墨子话锋一转，单刀直入追问道："你说得好啊！可宋国犯了什么罪呢？你却为楚王制造云梯，帮他去攻打宋国，人家无罪而你偏偏要去讨伐人家，这难道是仁义之举吗？"

公输班听了，羞愧万分，跟着墨子去劝说楚王。楚王固执己见，说："公输班为我造好了云梯，我一定要把宋国打败。"

墨子乘势说道："我看未必吧！你有攻城用的武器，我也有守城的办法，咱们不妨试一下嘛！"说着，墨子解下自己的腰带，在案桌上围了一个四方形，当做城墙；然后取来一块木板，当做他的防御武器。准备好了，墨子就让公输班来攻城。

公输班使用他的云梯，先后发动九次进攻可一次次都被墨子给挡了回去。公输班急得汗流浃背，一点儿办法也没有了。但公输班不甘心失败，于是就想杀掉墨子。墨子告诉楚王："我有三百多弟子，都拿着我的防御武器守卫在宋国的城池上，等候您发兵哩！你们即使杀了我，也无济于事啊！"

楚王钦佩墨子的勇气和智慧，打消了进攻宋国的念头。

赏析

无规矩不能成方圆，因此规矩是必然需要的东西，否则，整个世界就没有了秩序。但是，世界一直是在变化之中的，如果规则不随着外界客观情况的改变而改变，就会变得不合时宜了。

那些总是以老眼光去看待变化的事物，守着一成不变的老规矩，不去改变自己的想法的人，终归会被社会淘汰。真正能够适应社会的人，是顺应潮流，随着环境的变化来调整自己。变色龙变色并不是为了哗众取宠，它只是为了生存而已。

沐猴而冠 语出——《史记》

 释义

猕猴戴帽穿衣，徒具人形而已。讥讽人虚有仪表，并无内才；有时也指人暴躁轻狂，成不了大事。

 故事

秦末，项羽引兵进入秦都咸阳，进行了一场大屠杀，杀死已经投降的秦王子婴以及他手下的官吏和士兵，又放火烧毁瑰丽宏大的秦王宫。

项羽最初进入秦宫时，一心想的是报仇。当他看到绵延数百里的宫殿群如此富丽堂皇，五步一楼，十步一阁，游廊曲折，檐角高翘，不禁想到楚国的灭亡、父辈的惨遭杀害和秦国的暴虐，愤怒之情油然而生。于是，他命令将宫中的财物全部抢走，然后放了一把大火。熊熊烈火一直燃烧了三个月。

之后，项羽自封为"西楚霸王"，准备建都彭城（今江苏省徐州市）。有人劝说项羽："大王，关中地形险要，东有黄河华山，足以抵挡山东军队的进攻；八百里秦川，土肥物丰，秦国就是凭据关中的地形才称霸天下的，何必回东部的彭城呢？"

项羽觉得这人的建议很好，但看到屠焚后的咸阳，尸首遍地，所有的宫殿余烟未尽，一片狼藉。就对这人说："一个人富贵后不回到故乡，就好比穿着漂亮的绣花衣服，在夜晚行走，又有谁知道呢？"

这人见项羽如此胸无大志，就私下说："听人讲，楚国的人就像戴了帽子的猴子一样，今天我见了项羽才知道，此话不错！"

项羽知道了这人在背后诽谤他，就将他残忍地杀害了。

赏析

很多人看起来有雄才大略，却只是性情鲁莽，难以成大事。弯弓射箭的射手，只有沉得住气，用力绷紧弦，大雁飞过的时候才能够一击即中。如果总是操之过急，可能连一只兔子都难以捕捉到。做事情就是如此，如果不能耐心等待最好的时机，或者是不能够沉得住性子去面对一些干扰因素的话，我们就只能为自己控制不住情绪而后悔了。真正能够达成自己愿望的人，是那些内心沉静，能够沉住气的人。

南柯一梦　语出——《南柯太守传》

释义

过去比喻荣枯得失无常。现在多比喻一场空欢喜。

故事

　　从前,有个读书人叫淳于棼,特别喜欢喝酒。他家院子南边的墙外,长着一株古槐。这槐树虽然很古老,但生得枝繁叶茂。有一天,他在槐树下喝醉了酒,被他两个朋友扶进屋去,躺下休息,两个朋友则坐在一旁洗脚。蒙眬之中,淳于棼看见有两位使臣进来了,邀请他到大槐安国去做客。于是,他随使臣出门登车,一会儿就进入了一个洞穴。顿时,晴天丽日,山川旷野,城郭村庄尽在眼前,就好像来到一个新的世界。淳于棼进了王宫,见到了大槐安国的国王。国王与他亲切交谈,露出很欣赏他才干的样子。果然不久,就任命他为"南柯太守",并且把公主嫁给了他。淳于棼一下子就荣华富贵起来,权倾朝野。他在大槐安国当了三十年大官,政绩突出,很受百姓拥戴,国王也很器重他。这时,他已有五男两女,家庭美满,生活富裕,十分自在。不料檀萝国突然入侵,国王命令他领兵出征,他不懂军事,匆忙应战,被檀萝国打得大败而逃。回来之后,发现妻子已经去世,国王也不再信任他。后来,还免了他的官职,把他软禁了一段时间,又把他送回老家……

　　至此,淳于棼才惊醒过来,发现原来是一场梦。他看见窗外偏西的太阳还没有落山,睡前喝剩的酒还在桌上放着,两个朋友的脚还没有洗完。淳于棼好生奇怪,又回到院外的大槐树下,挖开树洞一看,见里面有个大

蚂蚁穴，一群蚂蚁王聚居在穴里，其中有两只特别大，被几十只小蚂蚁包围着，别的蚂蚁都不敢靠近。穴中还有泥土堆成的楼阁、小城。淳于梦想：大概这就是大槐安国的王宫了。王宫外面有一条孔道，往上直通向南边的一根树枝，大概这就是他当太守的"南柯郡"。

淳于梦不由长叹一声道："三十年的荣华富贵，原来是南柯一梦啊！"

 赏析

勤勤恳恳、踏踏实实地努力，才可能越来越接近梦想。虽然有些梦想很遥远，但是只要孜孜以求，不舍不弃，就能够一步步靠近，最终实现它。但是，总是有很多人，有自己的梦想，却不肯为之付出，为之努力，最后只能够做白日梦来实现自己的愿望了。虽然在梦中，什么都有，什么都很美好，但是清晨的阳光穿透晨雾之后，醒来的你会发现：一切都是南柯一梦。

宁为鸡口，毋为牛后 语出——《战国策》

 释义

宁做鸡口，也不做牛尾巴。比喻宁居小者之首，不为大者之后。

 故事

战国末年，弱小的韩国经常遭到秦国的进攻，在秦国的威逼下，韩王想顺从秦国的意思，做它的附庸国。韩王的想法遭到了一些大臣的反对，他因此犹豫不决。

正好这时，苏秦来到了韩国，他问韩王说："听说大王对附庸国一事，十分犹豫，请问，这是真的吗？"韩王痛苦地说："韩国临近秦国，秦国的实力那么强，仗又打不赢，连年征战，不知死了多少人，照此下去，早晚还是要灭亡，不如做它的附庸国算了！"

苏秦听了，对韩王分析说："韩国的地形险要，扼住秦国通往东方的咽喉要道，有军队数十万，武器精良，用来保卫国家，完全可以与秦国抗衡。如果做秦国的附庸国，那么你将跪在秦王面前，给他修筑离宫别墅，好好地侍奉他。秦王的贪心犹如虎狼一般，你做他的附庸国，必然要割地求和，把险要的军事要地拱手让给别人。今年割了，可以获得暂时的苟安，但明年又怎么办呢？韩国的土地有限，而秦王的贪心却无限，所以，最终还是不能满足秦国。我听说过这样一句话：宁愿做鸡的嘴巴，不愿做牛的尾巴。今大王想做秦的附庸国，岂不是成了牛的尾巴吗？"

韩王听了，站起来按住剑柄，仰天叹息说："我就是死，也不侍奉秦国！感谢你的这番教诲，我愿意听从你的主张。"

赏析

我们知道靠近大树好乘凉，但是我们更要知道，靠在大树底下在晴天还好，确实可以遮阴，但是到了雷雨天气，可以只会增加被雷击的危险。

不要贪图大树片刻的安逸，那样的安逸只会害死自己。在温水中的青蛙，当它还在温水里享受着温暖的时候，却被慢慢升高的水温害了性命。人也是如此，不要总是跟在别人屁股后面，要找机会去证明自己独一无二的价值。

盘根错节　语出——《后汉书》

释义

　　原形容树木根枝盘旋交错，不易砍伐。后比喻事情错综复杂，很难处理。

故事

　　东汉时，陈国武平（今河南鹿邑西北）有个叫虞诩的官吏，先后担任过朝歌长、武都太守、司隶校尉、尚书令。他敢于直言，不畏权势，曾因触犯权贵九受谴责、三遭刑罚。

　　公元110年，羌人与匈奴人分别同时从西方和北方侵入东汉王朝。汉安帝召集众人商议退兵良策。大将军邓骘（zhì）主张放弃西面，集中兵力应付北方匈奴，得到多数大臣的赞同。当时，虞诩的职位较低，但他力排众议，认为这样做将会带来不可收拾的结果。邓骘见有人竟敢在大庭广众之下公开反对他的主张，很是恼火，暗中记下了虞诩的名字，准备找机会报复他。

　　不久，朝歌发生动乱，老百姓攻杀地方官吏，起来造反，局面十分混乱。邓骘认为整治虞诩的机会来了，便建议派虞诩去朝歌当县令。明眼人一见就知道邓骘的用心，虞诩的朋友也十分为他担心，怕他去了之后遭到不测。可是虞诩并不在乎，他坦然说道："有志气的人不求容易的事做，不回避困难，这是为人臣者应该具备的。不遇到盘结的树根、交错的竹节（盘根错节），怎么能识别出刀斧的利钝呢？"他毅然赴朝歌上任，很快平息了动乱，得到皇上的信任和嘉奖。后来，他又带兵打退了羌人的入侵，为东汉王朝再立功勋。

赏析

　　遇到满路荆棘的时候，我们应该退让转道，还是应该披荆斩棘，勇往直前？人生，往往会遇到很多大大小小的困难，我们是不能够回避的，如果总是回避的话我们就会一直对困难恐惧。面对复杂的状况，如果你处理事情的能力可以得到锻炼，就不需要回避它。斧头不断打磨才会越发锋利，轮轴不停旋转才更加灵活。即使遇到盘根错节的局面，我们只要用尽全身气力，挥下自己手中的斧头，问题总是会迎刃而解。

破釜沉舟　语出——《史记》

释义

　　把饭锅打破，把渡船凿沉。比喻不留退路，置之死地而后生，下决心不顾一切地干到底。

故事

　　秦朝末年，项梁和项羽响应陈胜、吴广的起义起兵。秦二世派大将章邯率大军镇压起义，首先攻灭了陈胜、吴广。项梁和项羽便渡长江西进，

拥立楚怀王,继续与秦军作战。但项梁因胜利而骄傲自满,在定陶(今山东省定陶县西北)被章邯打败,死于军中。

章邯认为楚地的军事已不用担心,便渡河北上,攻打赵国。赵军不敌,退守巨鹿(今河北省平乡县西南),被章邯指派的王离、涉间的军队团团围住。

楚军在定陶大败之后,楚怀王非常恐慌,后来,他听了谋士宋义的建议,十分佩服,就封他为上将军,项羽为副将,派他们率军去救援赵国。

宋义把军队带到安阳(今山东省曹县东南),接连四十六天按兵不动。项羽忍不住了,对宋义说:

"秦军已把赵王围在巨鹿城里,我军应赶快渡河北上,从包围圈外进攻,赵军则从城里出击。里应外合,一定能取胜。"

宋义不同意说:

"常言道:牛蛇虽然能惹牛,可不能咬死虱子。现在秦军攻打赵军,如果秦胜,也已筋疲力尽,我们趁它疲乏进兵,就可不费气力地打垮它。如果秦不能取胜,我们可乘机向西进攻秦国,就一定能把秦国打下。所以,让秦、赵两军先打是上策。老实说,冲锋陷阵我不如你,但制定战略你可比不上我!"

接着,宋义针对项羽,向军中传令:

"凶猛得像老虎、蛮横不听调遣的人,不管是谁都要杀!"

与此同时,宋义派他的儿子去齐国担任相国,并借此大摆宴席。当时天气寒冷,大雨不止,士兵们都在忍冻挨饿。项羽乘机对大家说:

"我们应该同心协力攻打秦军,可是老停在这里不进军。现在年荒世乱,百姓困苦不堪,军中又无存粮,但上将军却邀请宾客大吃大喝,还说要等秦军打得疲乏的时候再进军。依我看,秦军那么强大,很容易把新建立的赵国打下来。赵国被它打下来后,它就会更强大,哪里有什么疲乏的机会可乘呢?我们楚军不久前打了败仗,怀王把所有的人马全都交给了上将军,国家的命运就看这一仗。现在士兵们忍冻挨饿,而上将军毫不体恤,只为自己打算,这不是一心为国的忠臣!"

项羽作了这番鼓励后,就进入军帐杀了宋义,并号令军中,说宋义勾结齐国反楚,楚王暗中命令我杀他。将士们马上推戴项羽为代理上将军职务。项羽把这件事报告了楚怀王,楚怀王见事已如此,只得正式任命项羽为上将军。

项羽杀宋义这件事,不仅震惊了楚国,而且在各国有了威名。在这种情况下,他先派当阳君和蒲将军率领两万军队渡河去救巨鹿。取得小胜后,项羽统率全军渡河救援赵军。

项羽在全军渡河之后,把所有的船只全部凿沉,并且砸破烧饭的锅、烧掉宿营的屋子,只带三天干粮出发,以向将士表示决心死战,没有一点儿后退打算。

大军到了巨鹿,立即发动进攻,从外面包围了秦国将领王离的军队。经过九次大战,截断了秦军的补给线,王离被活捉;另一名秦国将领涉间被围,不肯投降,投火自焚。

在这之前,来救赵国的各诸侯的军队有好几路,并在巨鹿城附近扎了十几座营垒,可是没有哪一兵敢出兵与秦军交锋。项羽率领的楚军到达后,一个顶十个冲锋陷阵,直扑敌人,喊杀声震天动地,最后击溃了秦军,从而使楚军的声威压倒了各路诸侯的军队。

战争结束后,项羽召见各路将领。这些将领走进营门后,马上都跪在地上,战战兢兢地用膝盖向前移动,谁也不敢抬头看项羽。从此,项羽成了各路诸侯的上将军,各路军队全听从他的指挥。

赏析

成功并非难事,而走向成功也有很多条路,每一个成功者都具备同样

的决心和毅力。毅力能够决定人们在遇到困难、失败、诱惑时的态度，是顺利渡过难关还是被困难吓倒，都是与毅力有着至关重要的关系。

　　一个人做事的态度决定他是否能够成功。想要成功，就要有无所畏惧的决心和毅力，不怕困难，不怕牺牲，敢于冒险，敢于挑战，这样才能成大事，立大业。

奇货可居 语出——《史记》

释义

把稀有的东西囤积起来,等待高价出售。比喻用某种特长或独占的东西作为资本,以博取功名利禄。

故事

战国时,秦太子安国君的儿子异人被作为人质,后流落在赵国都城邯郸。当时,秦国经常进攻赵国,所以异人受到赵人的轻视,居住的地方破败不堪,进出连马车也没有。

有一次,秦国的大商人吕不韦到邯郸做买卖,无意中遇上了正在落难的异人,吕不韦惊喜地说:"这是一件可以囤积起来的特殊货物啊!"("奇货可居")他上前对异人说:"我能使你门户光大,拥有四海之内的财产。"异人冷笑道:"你不过是一个商人,能光大自己的门户就不错了,怎么谈得上光大我的门户呢?"吕不韦说:"你这就不了解了,我的门户要依靠你的门户才能够光大。"

异人理解了吕不韦的意思,就邀请他到自己的住所。两人叙谈了很久,谈得很投机。吕不韦说:"秦昭王已经老了,太子安国君早晚要继承王位。安国君继承王位后,也要立太子,可是他有二十多个儿子,你既不是长子,又没有人疼爱,流落在异国他乡,太子的地位怎么会轮到你呢?"异人感慨地说:"我哪里还想当太子,能回到秦国就不错了!"吕不韦说:"事情还不至于如此绝望。听说安国君最宠幸华阳夫人,可是华阳夫人又不能生儿子。如果你愿做华阳夫人的儿子,她一定很高兴。那时,你就前

途无量了。"

异人听后，连忙跪在地上向吕不韦叩头说："如果你使我当上太子，今后得到了秦国，我一定与你一起分享。"在吕不韦的游说下，华阳夫人果然把异人当做她的儿子。秦昭王死后，安国君继承王位，异人就被立为太子。

赏析

夏天的西瓜到了冬天就变得奇货可居，虽然已经并非美味，但是人们偏偏愿意为它花更多的价钱。物以稀为贵，当一件事物以少而专的形式出现，它的价值自然也会抬高一个水平。

在我们的人生之中，我们也要让自己做到与众不同、奇货可居，这样才会在激烈的社会竞争中，变得抢手，占有自己的一席之地。

杞人忧天　　语出——《列子》

释义

杞国有个人怕天塌下来。比喻不必要的或无根据的忧虑。

故事

传说古时候杞国有一个人，他时常担心天会坠落下来，地会塌陷下去,弄得自己无处藏身,因此整天愁眉苦脸,心惊胆战,急得睡不好觉,吃不下饭。

杞人的一位朋友见他这样忧愁,很可怜他,就跑来开导他说:"天不过是堆积在一起的气体罢了,天地之间没有一个地方没有这种气体。你的一举一动,一呼一吸都与气体相通。你整天生活在天的中间,怎么还担心天会塌下来呢?"

杞人听了这番话,更加惶恐不安,忙问:"如果天真的是由气体堆积起来的,那么日月星辰挂在气体的上面,难道不会坠落下来吗?"

朋友答道:"日月星辰也是由气体聚集而成的,只不过会发光发亮罢了。即使掉下来,也绝不会砸伤人的。"

杞人沉思了一会儿,仍不放心,又问:"如果大地陷塌下去,那可如何是好呢?"

朋友耐心地解释说:"大地也不过是堆积起来的土块罢了。这些泥土、石块四面八方到处都有,塞满了每一个角落。你可以在它上面随心所欲地奔走跳跃,为什么要担心大地会塌陷下去呢?"

经过这么一番开导,杞人恍然大悟,这才放下心来,又快快乐乐地过日子了。

赏析

　　人的一生会遇到很多事情,每一件事情都会有其特定的意义。而人一生的时间又是有限的,能够完成的事情亦是有限的。所以在有限的时间和有限的事情面前,我们要想体现自己的人生价值,就应该去做一些有意义的事情。生命短暂,岁月不待人。只有利用有限的精力去做些有意义的事情,我们才有可能最大限度地实现人生的价值。再大的事大不过天,杞人不必忧天,我们又何必为一些琐事烦扰呢。

千虑一得 语出——《晏子春秋》

释义

指平庸的人提出的建议，也有可取之处。后多用作谦辞。

故事

春秋时期，齐国有位著名的贤相，名叫晏婴。他曾担任齐灵公、庄公、景公三朝的相国，在齐国享有极高的名望。晏婴禀性刚直，能廉洁奉公。他当上齐相后，生活非常俭朴，吃饭不吃两道肉食，还不准他的妾穿绸衣，因而深得齐君的敬重。

有一天，齐景公派了一位使臣去见晏婴。正巧，晏婴在家中吃午饭，他就把碗里的饭菜分成两份，请君王的使臣一同进午餐，结果，这一顿饭两人都没吃饱。

齐景公听说了这件事，深为感动，就派人给晏婴送去千金，供他款待宾客之用。可是，晏婴不肯接受，叫人把赏赐退了回去。齐景公又命使者把千金送上门，晏婴仍不肯收下。这样推让了三次，使者没有办法，只好请晏婴亲自到景公那里辞谢。

君臣见了面后，晏婴先开口说：“君王对微臣如此厚爱，臣感恩不尽。但臣的家里并不困苦，君王给我的俸禄，不仅使我能供养亲属，接待宾客，而且还可以拿来接济穷苦的百姓。君王赐予我的恩惠已经非常优厚了，我不敢再接受您额外的赏赐了。请君王不要再勉强微臣！”

齐景公听了这番话，更加敬佩晏婴节俭廉洁、谦逊谦让的贤德，但他不愿马上收回成命，就劝说晏婴道：“当年齐桓公为表彰贤相管仲的功劳，把一万二千五百户的人家和土地封赏给他,管仲没有推辞就接受了。你的功德不在管仲之上,我赏赐给你的千金微不足道,你为什么一定要拒绝呢?"

晏婴说:"圣人千虑,必有一失;愚人千虑,必有一得。在这件事上,管仲的做法也许有失偏颇,而我的想法却是合乎事理的呀!"

齐景公见晏婴态度十分坚决,就只好作罢。

赏析

上帝是公平的,每个人都有自己的优点和缺点,长处和短处。在做事情的时候,并不是优秀的人就会全部胜任,而相对平庸的人并不是任何事情都不能胜任。每个人都要先清楚自己的优点和缺点,在学习和做事情时,我们应该扬长避短,把事情做好。会做的事情就一定要发挥自己的长处把事情做好,不会的事情,我们要虚心学习,不断进步,完善自己。我们还应该正确面对自己的缺点,虚心接受别人的建议,积极主动地改正自己的缺点。

前车之鉴　　语出——《汉书》

释义

前面车子翻倒,后面的车子可引为教训。比喻先前的失败,可以作为以后的教训。

故事

　　贾谊是西汉初年杰出的政治评论家和文学家。他18岁时就以出色的文章博得洛阳文人学士们的赞颂,人们都认为他是非常难得的奇才。

　　廷尉吴公对汉文帝推荐贾谊说:

　　"洛阳有个读书人,名叫贾谊,他虽然年龄不大,但学识渊博,见解不凡,应该让他到朝中来做官,施展他的政治才能,为国家和百姓作贡献。"

　　汉文帝听了吴公的介绍,便说:

　　"那好吧! 先让他当个博士(汉朝官师合一,博士既是官职又是老师),以备顾问,果然可用,到那时提拔起来也不晚。"

　　不久,贾谊便奉命来到京城长安,成为满朝文武中最年轻而且也是最有学问和见识的官员。

　　汉文帝对贾谊的才干非常赏识,不久便提升他为太中大夫,参与朝政。贾谊在朝中为官勤勤恳恳,再加上他学识渊博,为满朝文武所称赞。

　　这一年,贾谊写下了一篇论理透彻、逻辑严谨、气势夺人、语言犀利的千古名篇《过秦论》,他在这篇文章中系统、形象地论述了秦统一六国、经二世而亡的历史原因。

　　汉文帝对贾谊的信任,很快遭到西汉开国武将和朝中一些大臣的忌妒,为此,贾谊被贬官为长沙王太傅,后又任梁怀王太傅。

　　在任梁怀王太傅期间,他的志向不得实现,才华不得施展,于是他便著书为文,将自己的才华表现在文章中。这时期他又写下了一篇传诵百代的政论文《治安策》。在这篇文章中,贾谊再次分析了秦王朝由兴到衰的惨痛教训,他写道:"有人劝胡亥将心思用到治理天下上面去,他却认为那是荒诞奇怪的胡言乱语。这并不是说胡亥生下来就是恶人,而是被他周围的赵高等人影响坏了。俗话说:'不熟悉做官的人,只要看他办事怎样就可以了解他的人品。'秦朝的失败应引起我们足够的警惕(前车之鉴,足警后世),否则我们也会重犯秦朝的错误,那可太危险了。"

汉文帝看了贾谊的这篇《治安策》,对贾谊有了新的看法,在可能的范围内,汉文帝有选择地将贾谊某些具体主张变成了自己的措施和策略。

 赏析

人们对很多错误都是人犯了又犯,既然已经看见别人经受了磨难,就应该尽量吸取他人的教训,不要让自己再去经受一次挫折。

很多同学看见曾经做错的题,不去多问问为什么做错了,结果错了一次又错一次,这就是自己的原因了,根本就没有从错误之处发现问题。

只有从错误中多反思,多总结,才能不重蹈他人或者自己的覆辙。

倾国倾城　语出——《汉书》

 释义

原指因女色而亡国。后多用来形容美貌的女子。

 故事

汉朝时,有个叫李延年的乐师,家住中山县一带。李延年出身于音乐世家,父母兄弟都是乐师,因而,他很有音乐天赋,从小就对弹奏演唱,作

词作曲感兴趣。他又勤学好问，没日没夜地跟家人学习吹、拉、弹、唱，不到二十岁，就已是中山县一带小有名气的乐师了。

李延年聪颖过人，不仅善于歌唱，还能作曲。他谱写的乐曲，有的凄婉沉郁，有的激扬高亢，都很有感染力。渐渐地，李延年的名声越来越响，传进了王宫。汉武帝是个音乐迷，他听说国中竟有这样的能人，就把李延年召入宫中，担任乐府中的协律都尉。以后，每当李延年创作新曲，汉武帝总会第一个跑来欣赏一番，那美妙的乐曲，常常让汉武帝如痴如醉！

有一天，李延年又谱写出一首美妙无比的乐曲，弹给汉武帝听。李延年弹着弹着，灵感上来了，就一边跳着舞，一边脱口唱道："北方有位佳人啊，艳丽动人，举世无双；她回首凝望，全国上下都被她倾倒；这样的绝代佳人，世上谁个能得到她？"汉武帝听了深受感动，慨叹了一句："世界上真有这样的绝代佳人吗？"李延年忙跪倒在汉武帝的脚下，急不可耐地说："陛下，我的妹妹就是这样的美人啊！"汉武帝按捺不住内心喜悦，忙让李延年把他妹妹带进王宫。只见她迈动细步，飘飘然走近汉武帝身旁，向汉武帝跪拜。汉武帝凝神细看，啊，这位女子长得端庄妩媚，艳丽动人，的确是一个有着倾国倾城的美女啊！汉武帝被她的容貌所打动，当即封她为李夫人。

从此，汉武帝与李夫人形影不离，整日在王宫里嬉戏玩乐，竟忘了治理国家大事。

但好景不长，李夫人过不惯王宫生活，思念家乡亲人，抑郁寡欢，过不多久，就害病死了。汉武帝失去了这样一位美貌的妃子，悲痛万分，他请人画了一幅李夫人的画像，时常拿出来观看，看得伤心了，就提笔写几句悼念李夫人的诗，抒发他对李夫人的思念之情。

 赏析

要江山还是要美人？也许古代每一个帝王都会面对这样的问题，结

　　果却大相径庭。而江山和美女，哪一个对于一国之君来说才更重要呢？

　　我们以后的人生将要面对很多选择，做事情要有的放矢，抓住重点来做。每个人考虑问题的角度并不一样，重要的是，我们所做出的抉择对自身发展是否是有利的。一个人的选择和判断能力直接决定了他以后的成败得失。所以，我们要认清自己的优劣，在机会来到时，积极寻找突破口，作出那个重要的选择。

罄竹难书　语出——《汉书》

释义

　　用尽竹子也难写完。原指罪行太多，写不完。后泛指事实多得写不尽。

故事

　　汉武帝在位期间，朝中有位左将军叫公孙贺。公孙贺的夫人是皇后的姐姐，因而汉武帝对他非常宠信，一下子将他提升为当朝丞相。

　　公孙敬声是公孙贺的儿子，在朝中任太仆这个小官，但他依杖着皇后姨娘这一大靠山，十分蛮横狂妄，为所欲为，干了许多丧尽天良的坏事。有一年，公孙敬声犯了挪用军款的重罪，被判死刑，关进监狱。

　　公孙贺这下慌了神，忙去向汉武帝求情，请求汉武帝赦免公孙敬声的死罪。可是公孙敬声的罪行太严重，理应诛杀，汉武帝也不愿饶恕他，就

拒绝了公孙贺的请求。

事有凑巧，这时京城出现了一位任侠好勇的人，叫朱安世。大侠朱安世在京城杀了许多贪官污吏，为民申冤除害，一时名震京师。汉武帝忙下诏书通缉捉拿朱安世，可朱安世的武艺高超，谁也捉不到他。

公孙贺见机，就对汉武帝提了个条件：如果他捉到朱安世就赦免他儿子的死罪。汉武帝出于无奈，就答应了。公孙贺果然抓到了朱安世，将他打入死牢。

朱安世是个不畏强暴的侠义之士，他毫不惧怕权势显赫的公孙贺，反而对公孙贺笑骂道："你的罪恶深重，简直是罄竹难书啊！如果告发你，我把终南山上的竹子都砍下来，做成竹简，也写不完你的罪状；我把斜谷一地的树木全砍下来，做成桎梏，也不够夹铐你家的犯人。"

公孙贺听了，惊恐万分，就想杀掉朱安世。朝中一些贤良的大臣知道这件事，就偷偷地让朱安世写下公孙氏家人的罪行。朱安世告发公孙敬声与汉武帝的女儿阳石公主私通。汉武帝闻知此事，勃然大怒，立即下令将公孙氏一族满门抄斩了。

 赏析

有些人的罪恶确实罄竹难书，这些人会遗臭万年，难以逃脱历史的评判；但是还有一种人，一辈子行善积德，这些人名垂青史，永远会被世人牢记。

俗语说："勿以恶小而为之，勿以善小而不为。"对小错听之任之，终有一天小错会酿成无法弥补的大错。而行大善的人也是从一件一件的小事开始做起的。如果日行一善，我们就能够积累起一个善良的人生，众人喝彩的人生。

曲高和寡　　语出——《对楚王问》

释义

　　曲调越高雅,跟着唱的人就越少。原比喻知音难得。现多比喻说话、写文章不通俗,脱离群众。

故事

　　宋玉是战国时期楚国著名的文学家、政治家,他不仅有很好的文学修养,而且很有治国才略,因而深受楚襄王的赏识。

　　朝中一些嫉贤妒能的人见宋玉年轻有为,十分忌恨,纷纷跑到楚襄王身边进谗言。楚襄王听了,心里很不高兴,就召来宋玉,厉声呵斥:"我听人说,你近来干了许多欺下瞒上的坏事,这该当何罪呀?"

　　宋玉是个能言善辩的聪明人,他见楚王措词严厉,怒气冲冲,就避开话题,绕着弯子辩解起来:"大王,您不要动怒伤身,待我讲完一则故事,您再来惩治我还不迟!"说着,宋玉神态自若地为楚王讲起故事来。故事的大意如下:

　　从前,楚都郢城来了一位乐师,他精通音律,天生具有一副迷人动听的歌喉。一天,他在郢都大街上为楚人献技演唱。一开始,乐师为楚人高歌《下里》、《巴人》这两首十分通俗流行的曲子,那嘹亮的歌声,欢快的旋律引起在场楚人的共鸣,一时间应声唱和的人竟达几千,气氛热闹非凡!乐师一唱完,大家齐声喝彩叫好,请求他再演唱二首。

　　乐师异常兴奋,特意挑了《阳阿》、《薤露》这两首比较文雅的曲子唱给大家听,谁知,这次随他歌唱的人仅几百人。其余的人因欣赏不了这种文绉绉的乐声,纷纷离开。

两首歌又唱完了,乐师准备收场离去,在场的人又苦苦哀求乐师再表演一次。于是乐师就献出自己的看家绝技,为众人唱起了《阳春》《白雪》这两首格调高雅、意境深远的曲子。未料,这次能够随他一起哼唱的不过几十人而已。乐师见此情景,大惑不解,连连摇头叹息……

宋玉讲完故事,话锋一转:"这是为什么呢？这不是曲高和寡的缘故吗？那些庸俗之人怎能理解我宋玉的品行？"

楚襄王听了宋玉的辩解,会心地点点头,不但没有追究他,反而将他大大地夸赞了一番。

赏析

知音难求,知己难寻,如果你在某方面的才华已经达到了一定的造诣,就要忍受"高处不胜寒"的境遇。不要为了追逐和迎合大众的口味改变自己。那样做不仅泯灭自己的个性,而且埋没自己的才华。

同时,个性的张扬要在不影响他人的情况下发挥,才华也只有得到大家和社会的认可才会借以实现人生的价值。所以,我们要选择合理的方式和尺度,去演奏自己的华美乐章。

入木三分　语出——《书断》

 释义

原来形容笔力强劲。后又比喻见解、议论的深刻。

 故事

王羲之是东晋时期一位著名的书法家,他博采众长,创造了一种具有独特风格的书法流派,被后人称誉为"书圣"。

王羲之从小就很有书法天赋,七岁时已崭露头角,写得一手好字。王羲之十二岁那年,偶然在父亲的书房里发现一本讲解书法的好书,就偷偷地拿出来阅读。从此,他手不释卷地日夜攻读,一丝不苟地按书中讲的方法运笔练字,书法水平长进得很快,王羲之每天练完了字,就到后花园的池塘边清洗笔砚,天长日久,整池水都被墨汁染黑了,可见王羲之练字是何等勤奋刻苦啊!

王羲之曾经当过右军将军、会稽内史官职,因此人们都称他为王右军。后来王羲之辞官还乡,在会稽戴(jí)山家里过着闲散恬淡的生活。

一天清晨,王羲之独自一人在戴山下散步。忽然,他看见一位年老体弱的老妇人拿着十几把纸扇在叫卖。老妇人的每把纸扇只卖二十钱,可叫卖了好半天都无人问津,王羲之见老妇人贫苦可怜,就借来笔墨,在每把扇子上都题了几个字。老妇人哪里认识王羲之呀,见他在白白净净的纸扇上写了字,心中叫苦不迭。王羲之见状笑道:"您只要说这是王右军写的字,保你每把卖一百钱!"

老妇人接过纸扇,半信半疑地来到市场上,照着王羲之的话叫卖了一番。人们听见了，马上争先恐后地掏钱购买，不一会儿工夫，十几把扇子就被抢购一空，老妇人这才欣慰地笑了。

相传王羲之曾经给朝廷写过祭祀天地神明、祈求国泰民安五谷丰登的"祝版"。晋成帝即位后，就命祝版工人更换祝版上的题词。谁知工人们刻削了好半天，也没能把王羲之原来写的字迹刮掉。工人们拿起祝版仔细一看，都大吃一惊，连声赞叹。原来，王羲之写的每个字都入木三分，好像刀刻的一般，哪里能轻易刮除得掉呢？

 赏析

我们看待一件事物往往通过表面的现象就轻言判断，结果是贻笑大方。没有调查过的事情，千万不要轻易断言。仔细勘察，认真比对，才能够了解事物的本质特征，从而全面深入地了解事物。

养成冷静思考的好习惯，会使得我们明了透彻地看待一件事情。这样，我们就不会被事物的表象迷惑，成为一个有独立见解，认识深刻的人。

三顾茅庐 语出——《三国志》

释义

多次拜访诸葛亮的茅草屋,原为汉末刘备访聘诸葛亮的故事。比喻真心诚意,一再邀请、拜访有专长的贤人。

故事

东汉末年,军阀混战,天下大乱。曹操控制了朝廷,挟天子以令诸侯,孙权据守东吴,兵多将广。而自命为汉室后裔的刘备虽然胸有大志,但地盘很小,兵马不多。

汉献帝建安四年(公元 199 年),刘备攻打曹操失利,只好投奔荆州的军阀刘表,流亡到了新野(今河南省新野县南)。身处逆境的刘备,渴望闯出新路,重振旗鼓。他听说隐居在隆中(今湖北省襄阳市境内)的诸葛亮通晓古今,博学多才,是个不可多得的人才,便决定请他出来帮助自己夺取天下。

公元 207 年的一天,刘备带了关羽、张飞,并备了一份厚礼,前往隆中的卧龙岗去拜请诸葛亮。不巧的是,那天诸葛亮不在家,刘备等白走了一趟。

过了一段时间,刘备等三人冒着大风雪,第二次去拜请诸葛亮。不料,诸葛亮在头一天离家闲游去了。张飞本来不想再来,现在见诸葛亮又不在,心里不高兴,嚷着要马上回去。刘备只得写一封信留下,表示自己对诸葛亮的仰慕之情,请他协助自己振兴汉室。

不久,刘备吃了三天素,洗了澡,准备第三次去拜请诸葛亮。这一回,

关羽也忍不住生气了，认为诸葛亮也许徒有虚名，未必有雄才大略，劝刘备不必去了。张飞更是粗鲁地说，不必三人同去拜访，让他一人前去把诸葛亮叫来，他如果不肯，就用绳子捆来。刘备坚决不同意张飞的做法，耐心说服关、张一同前往。

到诸葛亮家时，主人正在睡午觉。刘备不敢惊动他，在台阶下等着，一直等到诸葛亮醒来，才进入室内。

诸葛亮见刘备胸有大志，求贤诚恳，便与他畅谈天下形势，并提出了统一全国的对策。诸葛亮分析天下将形成三分的局面，建议刘备先取荆州，再据四川，联合东吴对付曹操，以图统一天下，并答应出山，帮助刘备。

刘备采纳了诸葛亮提出的战略和策略，革新政治，积蓄力量，开展军事活动，很快扩充了地盘，壮大了势力，终于使自己与曹操、孙权成鼎足而立的三大集团。中国历史上从此出现了魏、蜀、吴三分天下的局面。

赏析

刘备能够礼贤下士地去求教诸葛亮，是因为他知道光凭自己不能得天下，需要对方的帮助。而我们也是如此，"虚心使人进步，骄傲使人落后。"稍稍取得一点儿成绩就骄傲自满的人，即使他多么有才华，多么有天分，骄傲自大，不够虚心，不再求上进，最终的结果就是江郎才尽，一事无成。而虚心才会使人进步成功。谦虚的人，哪怕是放下身段去"三顾茅庐"也不会放下一颗上进和求知的心。

三令五申　语出——《史记》

 释义

再三命令，告诫。

 故事

春秋时期，有位军事家叫孙武。他写了一篇《孙子兵法》。吴王读了十分欣赏，就召孙武进宫。一见面，吴王就问："你的兵法非常精妙，你能用它操练宫中的女子吗？"孙武知道，吴王是想试试自己的指挥才能，毫不含糊地说："当然可以。"

于是，吴王集合一百八十名宫女，交给孙武操练。孙武将宫女分成两队，叫吴王的两个宠姬任队长。他站在指挥台上，高声发令："我叫前，你们看前面；叫左，看左手；叫右，看右手；叫后，看背后。"号令交代清楚了，孙武吩咐人在一旁摆下铡刀，然后又向宫女们讲了几遍号令。

一切都已就绪，孙武击鼓传令："右！"谁知宫女们把孙武的命令当做儿戏，没人听从命令，反而都哈哈大笑起来。看台上，吴王和那些王公贵族也大笑不已。宫女们见此情景笑得更加起劲，一时间，操练场上笑声连成了一片。

孙武不动声色，说："号令可能没交代清楚，这是我的过错。"于是复述了一遍，然后再次击鼓传令，"左！"那些宫女们嬉笑不停，特别是那两位宠姬，笑得前俯后仰。

这下，孙武恼怒了，厉声喝道："号令不明是为将之罪，可我已经三令五申了，却没遵命，这是头领之罪，按军法当斩！"说着他下令要将两位

宠姬斩首示众。

吴王见孙武要斩两位宠姬，慌忙命人传令："我已知道将军善于用兵了！那两位宠姬，将军就不要斩了吧！"孙武叫传令人回复吴王："臣已受命为将，将在军中，君王的命令可以不听！"说完，便下令斩了两个宠姬。

孙武重新击鼓传令，这回个个规规矩矩，服从指挥。

从此，孙武的用兵才能受到了吴王的重视，吴王授命孙武全权指挥吴军，终于使吴军壮大成春秋强国。

 赏析

很多时候，因为年轻，我们很反感师长或家人一遍又一遍地对同一件事情重复地提醒和劝告。其实，他们不是因为喜欢啰嗦，而是因为想重复强调那件事情很重要而已。对于他们三番五次强调的事情，我们要引起高度的重视，这样我们才不会迷失方向。毕竟他们走过的路比我们要多得多，他们考虑的事情也更为周全。仔细想想他们所说的道理，不要因为一时的心烦而丧失了对事物的基本判断。

死灰复燃　语出——《史记》

释义

　　指灰烬重新燃烧,比喻失势者重又得势。现多用于贬义,比喻已经被消灭的恶势力或坏思想重又抬头。

故事

　　汉景帝在位时期,朝中有位足智多谋、谦逊厚道的能臣叫韩安国。他曾领兵平息了以吴王刘濞(bì)为首的七国叛乱,因而深得景帝的赏识,成了皇帝的宠臣。

　　有一年,韩安国受到一件案子的牵连,被关进蒙县狱中,等候判决。蒙县狱吏田甲是个心术不正的势利小人,他见韩安国失了权势,就经常找借口欺侮韩安国,对韩安国百般凌辱,任意打骂。

　　韩安国身为朝廷命官,哪里受过这样的侮辱。一次,田甲又借故辱骂韩安国,韩安国实在忍不住了,就指着田甲的鼻子大骂道:"你这个卑劣无耻的小人,不要以为我韩某从此再没有出头之日了! 你把我看作灭了火的灰烬,难道死灰就不可以重新燃烧起来吗? "

　　田甲听了,嘻嘻冷笑几声,满不在乎地说:"没听说过死灰还能冒出火花来,倘若真的死灰复燃了,我就撒泡尿浇灭了它! "说完扬长而去。

　　韩安国气得暴跳如雷,恨不得马上出狱,狠狠惩治一下田甲这个势利走狗。无奈他身陷囹圄,拿田甲一点儿办法也没有。

　　过了不多久,景帝的兄弟梁孝王感念韩安国的功劳,就请求景帝赦免韩安国。景帝同意了,将韩安国从蒙县狱中释放了出来。韩安国出狱后,

当了梁孝王的内史,官职比以前还高。田甲听到了这个消息,吓得魂不附体,忙逃之夭夭了。

韩安国一出狱,就命手下人寻找田甲,准备好好戏弄他一番,还故意放出风声,如果田甲不来见他,就将田甲满门抄斩。

田甲听了慌了神,只好硬着头皮去韩安国那儿请罪。一见面,田甲就扑通跪倒在地,一个劲地磕头求饶。

韩安国见田甲这副丧魂落魄的狼狈相,忍不住笑了起来:"田甲,现在死灰复燃了,你来撒泡尿浇灭它吧!"

田甲吓得面无人色,瘫软在地上……

 赏析

做事情要做得干净利落,千万不要拖泥带水。不少人,干完一件事情就洋洋自得,不去检查是不是有留下"尾巴",最后出现了纰漏才追悔莫及,这时已经悔之晚矣。我们参加重要的考试,如果能够又快又好地做完试题,往往都需要检查几遍,才把试卷交上去,才能保证更好的分数。但是到了生活中,我们往往不会这样想,做事情经常没有完全做好,留了后患。结果那些杂草"春风吹又生",直接导致了我们功败垂成,这是多么遗憾的一件事啊!所以,做人做事,要认真谨慎,切忌虎头蛇尾。

四面楚歌　语出——《史记》

 释义

比喻处在孤立无援、四面受敌的困境中。

 故事

秦末农民大起义后期,刘邦的汉军和项羽的楚军为争夺天下,在中原大地上展开了一场殊死决战。公元前 202 年,刘邦率领汉军,将项羽的楚军重重包围在垓(gāi)下。

楚军被围困了好多天,形势十分危急。骁勇善战的西楚霸王项羽领着楚军突围了好几次,都没能冲出去。一天深夜,项羽正在帐中阅读兵书,寻找策略。忽然,四面八方传来了阵阵楚地的民歌。项羽听了,不由大吃一惊,心想:汉军难道已完全占领了楚地? 不然,汉军地上怎么有那么多楚人! 其实,汉军并没有完全占领楚地,这四面楚歌,是刘邦命令汉军用楚地的方言唱的,目的是为涣散楚军的军心。果然,楚军士兵听到了汉军阵地上传来的乡音,都以为自己的家乡被汉军占领了。这四面楚歌激发了他们的思乡之情,就跟着汉人哼唱起来,不少人一边唱,一边哭泣,一时间,楚营上空哭声一片。

项羽坐在帐中,眼看着军心涣散,再也不可收拾,不禁心如乱麻。这时,他所钟爱的妃子虞姬为安慰他,就一边舞剑,一边用凄楚的嗓音为楚王唱起楚歌,项羽听着听着,忍不住泪流满面。虞姬为了不拖累楚王,唱完就刎颈自杀了。

当天夜里,项羽带领一支八百人的江东子弟兵,杀开一条血路,突围

南逃。刘邦忙领万余名汉军紧紧追杀上来。项羽逃到乌江边上，身边只剩下二十余骑。

在这危急时刻，乌江亭长撑着小船赶到江边，他苦苦劝说项羽渡江，回到楚国重振旗鼓。项羽明白大势已去，自己没有面目重见江东父老，宁死不愿渡江逃生。他挥舞着宝剑，同追上来的汉军进行了殊死搏斗，一个人杀死数百名汉军将士，最后，他自刎在波涛汹涌的乌江边上。

赏析

当我们遭遇四面楚歌的境地，无人伸出援手，无人同情，我们不必去怨恨周围那些人，而应冷静下来自我反醒，找出问题的症结所在。

当我们拥有友情的时候，我们要珍惜，不要等到失去了才觉得可贵。那些帮助我们的人以及真正爱我们的人，我们也要投以真心相待。那样我们在遭遇困境的时候，才不会经受四面楚歌、无人援手的悔恨和苦痛。

螳臂当车 语出——《庄子》

释义

螳螂举起前肢,企图阻挡车子前进。比喻不自量力。当:阻挡。

故事

有一次,齐庄王乘着马车,带着随从到郊外去打猎。这支浩浩荡荡的队伍马蹄得得、车轮滚滚、人声鼎沸、势不可挡地急速向前行进。

突然,有一只青色的小虫子横在大路中间,高高地举起两只前爪,气势汹汹、怒不可遏地向车队迎面扑过来(螳臂当车)。

齐庄王觉得眼前这情景很滑稽,这么一只小小的虫子,怎么能挡得住飞速奔驰的马车呢? 他侧身问自己的车夫:"你看见没有,那是什么虫子? 怎么如此狂妄自大、不可一世? "

车夫耸了耸肩膀,回答道:"陛下没有听说过吗,这就是螳螂呀! 这种虫子虽然个头不大,力气很小,可是却目空一切。它只知道前进,不知道退却。它从来都不估计一下自己有多大力量,也不懂得掂量一下对方是强大还是弱小,总是一味拼命进攻,企图把别人吓退。这正是它的可悲之处。陛下不是看到了吗,它刚才张牙舞爪地想挡住我们的去路哩! "

齐庄王听罢一言不发,若有所思。

一时间,庞大的车队早已隆隆地从大路上驰过,将那目空一切的螳螂碾了个粉碎。

 赏析

在很多时候我们都是一只小小的螳螂,但是我们自己却浑然不觉,总以为自己很高大,对自己的能力估计不足。很多事情,不是我们想做就能做的,我们要充分估计到事情的难度,还要现实地考虑自己的能力是否能够胜任,理智地分析,这样才不会因为一时冲动去做了"车下亡魂"。

用鸡蛋去碰石头的事情千万不要去干,不要祈求会有那些靠侥幸的心理就可以成功的事情。要懂得时刻警醒,看清自己,看清问题。

投鼠忌器 语出——《汉书》

 释义

想用东西打老鼠,又怕砸坏老鼠附近的器物。比喻心存顾虑,做事放不开手。

 故事

贾谊青年时代就很有才气,被汉文帝召为博士,一年后就升为太中大夫,一生中写下不少脍炙人口的政论文和辞赋。

贾谊是一个忠实的君权主义者,也是一个虔诚的封建等级制度的维护者和鼓吹者。他认为,从皇帝到王公大臣,再到平民百姓,好比一级一级的台阶,应当界限分明,尊卑有序,没有混淆。百姓犯了法,可以采用刺字、割鼻子、砍脚、鞭打等严酷的刑法;而王公贵族犯了法,则应当用"礼义廉耻"等封建道德加以约束,可以令其反省,可以贬官撤职,最严重的也可令其自杀,但决不能施用惩治百姓的那一套刑罚,否则就会损害皇帝的尊严。为了说明他的这种逻辑,他在给汉文帝的一则《论政事疏》奏章中使用了一个"投鼠忌器"的比喻,说:"人们要打老鼠,可是老鼠如果离贵重的器皿太近了,人们就不能不有所顾忌,因为一不小心,被打坏的很可能不是老鼠,而是贵重的器皿。器皿尚且要小心加以保护,何况关系与皇帝那么亲近密切的王侯大臣呢?"

颇有讽刺意味的是,虽然贾谊极力主张维护贵族的特权,但并没有得到他们的好感,他终生遭受权贵的诬陷和打击,因而被汉文帝疏远,被贬谪为文帝的儿子梁怀王的太傅。梁怀王骑马时不慎从马上掉下摔死,贾谊十分悲伤,觉得是自己的失职,经常对着墙壁哭泣,一年后终于抑郁而死。

 赏析

瞻前顾后,患得患失是大多数人的毛病。特别是遇见一些棘手的事情就更是如此,放不开手脚,总是怕失败,所以畏畏缩缩。这样的话,只会增加失败的几率。因为握着球拍的手只会因为紧张而变形,而不会因为心如坚铁而变得难以施展。

不要因为一些干扰因素而影响了自己本有的水平。如果总是害怕失败,那么就永远不会成功。成功只会青睐那些亲近它的人,而不是畏惧它的人。

A B C D E F G H I J K L M N O P Q R S T U V W X Y Z

完璧归赵 语出——《史记》

比喻把原物完好地归还本人。

战国时期,赵国的赵惠文王得到了一块"和氏璧",十分珍爱这件国宝。秦国的昭襄王听说后垂涎三尺,很想把这件宝物占为己有。他派使者带着国书去见赵王,说愿意用十五座城池来换这块宝玉。

赵王知道这是秦王的诡计,分明是想来骗取美玉。可是,如果不把璧玉给秦国,又怕秦国以此为由头,发兵攻打赵国。要知道,秦国早就想把进攻的矛头指向赵国了!赵王和大臣们再三商量,总想不出一个万全之策。赵王为此十分焦虑不安。

正在这时,有人向赵王推荐自己的门客蔺相如,说这个人有勇有谋,去秦国回复此事倒很合适。赵王立即召见蔺相如,问他有什么高见。蔺相如说:"秦国用城池跟赵国交换璧玉,赵国如不答应,这是赵国理亏了;赵国把璧玉送给秦国,秦国如不把城池交给赵国,便是秦国理亏了。如果陛下信任我,我愿带着璧玉去见秦王。假如秦国真的把十五座城池划归赵国,我就把璧玉留在秦国;要是秦国不把城池交出来,我就带着璧玉回国来,保证璧玉完好无损。"

赵王一时也没有更好的办法,就派蔺相如带着璧玉出使秦国。

蔺相如到了秦国,进宫见了秦王,把"和氏璧"献给了秦王。秦王接过去玩了半晌,爱不释手,满心喜欢,连声喊:"宝物!宝物!"他的大臣、随从、爱妾、宫女们也都围上来一睹为快,齐声向秦王道贺。

蔺相如等在一边多时,见秦王丝毫不提交城池的事情,明白秦王并无诚意,便上前对秦王说:"这块美玉有点小毛病,让我指给您看看。"秦王信以为真,就把美玉还给蔺相如。蔺相如接过璧玉,紧紧抱在怀里,后退几步,靠着宫中的大柱子,怒发冲冠地对秦王说:"平民老百姓交朋友,都知道以讲信义为重。可是您作为享有威望的大国君王,拿到了赵王派我送来的璧玉,却只字不提交换十五座城池的事情,所以我把璧玉拿了回来。您要是硬想从我手中把璧玉抢去,我今天就把脑袋和这块璧玉一块儿撞碎在这柱子上!"说罢,捧起璧玉,斜眼望着柱子,准备砸去。

秦王怕损坏了美玉,知道不能硬夺,连忙好言劝阻,又假意命令人取来地图,把十五座城池指点给蔺相如看。秦王还答应相如的条件,同意斋戒五天,在朝廷上举行盛典,正式交换和氏璧。

蔺相如看出秦王心中有鬼,料定他一定会背约的。回到住处以后,当即派随从亲信,身着麻布短衫,化装成老百姓,连夜把璧玉送回赵国去了。

到了举行典礼的那天,蔺相如沉着地对秦王说:"和氏璧已经送回赵国了,您如果有诚意,先把十五座城池交出来,我马上把和氏璧给您送来。不然的话,您即使杀了我的头也无济于事。我这么做,也是迫不得已。你们秦国自穆公以来,前后二十几位君主,从没有对别国讲过信义的!"秦王又气又怒,但又无可奈何,最后只得放他回国。

蔺相如凭着机智勇敢果然把完整无损的和氏璧带回赵国。

 赏析

通往成功的路线有很多,但是通过智慧和深思熟虑之后总会有一条通往成功的快速通道。只要我们冷静地看待问题,不要盲目做决定,善于思考,发挥聪明才智,再困难的问题也能解决,再强大的敌人也会被我们

打败。

任何事情，任何险阻都不是无路可寻，只要我们善于发现问题，努力寻求解决的方法，任何问题都能找到出口。只要我们工作做得足够好了，才华真正展示出来了，就不会英雄无用武之地，成功是迟早的事情。

望尘莫及 语出——《后汉书》

 释义

望见前面骑马的人扬起的尘土而追赶不上。比喻远远落在后面。现在多用于形容在某些事物上明显比不过别人。

 故事

东汉人赵咨曾经当过敦煌太守，由于为官清廉，很受百姓尊敬。他后来借故说身体有病，辞去了太守职务，回家乡务农，从此不想再出外做官。不久，东海这个地方缺了一个行政长官，由于别人再三推荐，朝廷委托赵咨为东海相，限他在规定时间内到任。赵咨无可奈何，只得收拾行装上路。

上任的途中，要经过荥阳。荥阳的县令名叫曹暠，曾被赵咨推举为孝廉，很想借此机会好好招待一下赵咨。在赵咨要路过荥阳这一天，曹暠早早就带了一群部下，到郊外路口等候着。

曹暠一行人从早晨到晌午，又从晌午到傍晚，终于盼来了从大路上疾驶而来的车队。这车队看见招手致意的人群，却丝毫没有放慢速度的意思。赵咨坐在车里对曹嵩拱了拱手，示意不麻烦他，转眼间已经跑远了。曹嵩急忙备马追赶，心想至少把赵咨的车队护送到城外的十里长亭，也算尽了心意和礼节。可是，赵咨的车队跑得飞快，曹嵩也只看见车马一路扬起的滚滚尘土，哪里追得上呢！曹嵩急坏了，对手下的随从说："赵咨声望很高，现在路过荥阳县，却连下车喝水都不肯，天下人一定会笑我们心意不诚的。"说罢，把官印往助手怀里一扔，只身匹马一直追到东海，硬是与赵咨见了面以后，才又告别赵咨回到荥阳。

赏析

　　不要去追逐他人马蹄踏起的尘土，也不要去羡慕他人的地位，我们只需要做好自己就是最大的成功。世界上有很多东西，我们都是可望而不可即的，但是不能因为这些落空而觉得失落，毕竟那就不属于我们。我们有自己的世界，我们有自己的天空，不必强求去别人的天空飞翔。只要我们努力地在自己的天空中飞舞，那就已经是人生最大的意义了。

望梅止渴　语出——《世说新语》

释义

原意是梅子酸，人想吃梅子就会流涎，因而止渴。后来比喻愿望无法实现，用空想或假象安慰自己。

故事

曹操是个有雄才大略的政治家、军事家，带兵作战时常会急中生智，出奇制胜。

有一年夏天，曹操率兵远途出征。这天烈日当空，暑气逼人，照得人心里火辣辣的，喘不过气来。将士们半天滴水未进，行军速度越来越慢。曹操见状命令部队停止前进，派士兵四下找水。可这个地方一片荒野，没有河流，没有池塘，土地干得裂开了口。曹操又命令士兵就地掘井，挖了半天，也未见一滴水。将士们横七竖八地坐在地上，一个个像晒蔫了的大白菜，谁也懒得开口说话。

曹操焦急万分，无论如何得想个办法鼓起劲来，让部队走出这个死亡地带。他眉头一皱，忽然有了一个主意，便勒马跃上一个小土丘，高声地对士兵们喊道："有水啦！有水啦！"

将士们一听有水了，骨碌翻身从地上爬起来，顿时来了精神，东张西望地问："在哪儿？在哪儿？"

曹操挥动马鞭往前面一指，说："我看见前面有一片梅林，这个季节正是梅子成熟的时候，大家走到那里便可以大吃一顿了。"

一听说有梅子吃，将士们马上联想到梅子酸溜溜、甜滋滋的味道，嘴里止不住口水直往外分泌,顿时觉得不那么渴得难受了(望梅止渴)。部队振作起精神,大步流星往前赶,终于走出了这片沙漠一般的荒野,来到了有水源的地方。

曹操凭着自己的才智,带领部队战胜了行军途中的艰难险阻,顺利地到达了目的地。

赏析

人生道路有平坦有坎坷,梦想依旧在人们心中扎根,有时候达不到自己的目标,努力而不得的心情是很复杂难解的,从而变得不快乐,不积极,不乐观。有时候画饼充饥未免不是一种好的方法,虽然是给自己的心理安慰,但至少不会丢失希望,有重新追逐梦想的勇气。有时候也许仅仅只是一时的安抚,也许真的就会有重拾山河的心态。心态很重要,也是决定成败的重要因素,适时地给自己一些好的心理暗示是很重要的。

围魏救赵　　语出——《史记》

指齐军围攻魏国,迫使其撤回攻打赵国的军队。比喻攻敌后方,迫使其回防的战术。

故事

公元前 353 年,魏国名将庞涓统率大军进攻赵国,大破赵国的军队,包围了赵国的国都邯郸。赵国急忙向齐国求救,齐威王就派田忌为主将,孙膑为军师,出兵援救。

孙膑是春秋时期著名的军事家孙武的后裔,年轻时曾和庞涓一起学习兵法。庞涓嫉妒孙膑的军事才能,就捏造罪名,私用刑法砍断了他的两脚。这次齐军救赵,孙膑坐在有篷帐的车子里,暗授机宜,不让魏军知道。

开始,田忌打算直奔邯郸解围,孙膑不赞成,说:"排解别人打架,不能自己参加进去打,救兵解围也应该避实击虚,避强击弱。敌人感到形势不利,有后顾之忧,自然就会撤兵解围。如今魏国进攻赵国,精锐部队必定都在战场上,国内一定兵力空虚。我们不如直接打进魏国,袭击它的都城大梁,魏军闻讯后必定会拼命赶回国来。这样既可以使邯郸的重围不攻自解,又可使我军以逸待劳,痛击长途跋涉疲惫不堪赶回本国的魏军。"

田忌觉得很有道理,就与孙膑率领大军一直冲到大梁城下,把魏国留守本土的军队杀得七零八落。庞涓获得情报后,又羞又怒,急忙从邯郸撤退回国。当魏军退到桂陵（今山东省菏泽县东北）时,又中了齐军的埋伏,伤亡了许多人马,几乎全军覆灭,庞涓在混乱中突围逃跑了。

在这次战斗中,孙膑使用的战术后人称之为"围魏救赵",为后来兵家所研究和运用。

 赏析

在对弈的棋盘之中,我们往往会遇到这样的局面:当对方围攻我们将领的时候,我们会不知所措,难以招架。这个时候,最佳的办法就是攻击对方,让他们无暇他顾,赶紧调兵遣将地挽救自己的局势。

如果一味地挽救自己，那只会被人团团包围，任人宰割。这不是聪明的办法，能够另寻他图，让对方难以集中精力来对付你，这就是战略上的胜利，这会让所有棘手的事情都顺其自然地迎刃而解。

为虎作伥　语出——《太平广记》

释义

旧时迷信，认为被老虎咬死的人，死后变成伥鬼，专门引诱人来给老虎吃。比喻帮助恶人作恶，干坏事。

故事

古时候有一个荒诞的传说：人的肉体被老虎吃掉后，他的灵魂会变作"伥鬼"。

有一次，有这么一个人，在深山老林里遇到一只老虎和一个似人似鬼的幽灵。那幽灵把这个吓得半死不活的人的腰带、扣子、衣服、裤子一件一件地解开，然后便闪开躲在一边。这时候，老虎大吼一声，猛扑过去，把这个人咬死，很快就吃光了他的肉。

这个被老虎刚吃掉的人的灵魂，飘飘悠悠地离开了躯壳，迷糊中似乎听见那幽灵轻轻地对老虎说了一句："将军，我去了。"老虎点了点头。

灵魂看着远去的幽灵，身不由己地要跟它一块儿离开老虎，刚挪脚步,就被老虎一巴掌拍倒在地。老虎厉声喝道:"慢着! 你得像它一样,先给我当伥鬼! "

灵魂战战兢兢地问道:"虎大哥,这伥鬼怎么当呀! "

老虎凶神恶煞地看着灵魂,说:"你得称我为'将军',懂不懂? 从今天起,我外出时,你要在前边探路。如果发现猎人布下的陷阱和捕具,你必须告诉我绕开;如果遇上活人,你要先把他抓住,再把他的衣服脱下,侍候我吃。等我吃掉了这个活人,他的灵魂就成了你的替身,你才能获得自由。如果你有一点点不老实,我就叫你永世不得翻身! "

灵魂吓得心惊肉跳,只得唯唯诺诺地答应了。

赏析

有些人因为他人一时的得势就附庸上去,以求得到更多的利益。然后去帮那些恶人做一些损人利己的事情。迟早有一天,这种人会失去依附,招致众人的唾骂,而且可能会得到很凄惨的下场。所以,人不可作恶,不可以为虎作伥,伤害别人的感情是很难弥补回来的。如果能够借助他人的势力多做些善事,那何乐而不为?

闻鸡起舞　语出——《晋书》

释义

听到鸡鸣，就起床练剑。比喻有志向的人发愤自勉。

故事

西晋时期，封建朝廷极其腐败，连连内讧。北方匈奴乘机入侵，消灭了晋军主力，攻陷了晋都洛阳，俘虏了晋愍（mǐn）帝带回国去。

匈奴叫晋愍帝身穿匈奴的服装，宴会时为匈奴贵族端茶倒酒，打猎时命令他充当猎犬，徒步在马队前快步奔跑，追捕猎物。晋愍帝受尽了匈奴的奚落和侮辱，最后还被匈奴杀掉了。西晋皇帝的命运尚且如此，普通百姓的痛苦就可想而知了！

这时，有一位爱国志士名叫祖逖，发誓要为国家报仇雪耻。他与好友刘琨住在一起，每天黎明听到鸡叫，两人就互相唤醒对方，出屋练武。在皎洁的月光下，两位热血青年刀光剑影，比翼对舞，直到皓月西沉、东方发白才收剑回屋。多少年来他们一直坚持"闻鸡起舞"，无论酷暑严冬，无论刮风下雨，从不间断。就这样，他们练就了高强武艺，磨砺了坚定意志。

公元 317 年，司马睿在建康（今南京市）建立了东晋政权，称晋元帝。东晋朝廷满足于在江南的一席之地，不思积极收复失陷的国土。祖逖十分焦虑，专程从沦陷区赶到建康求见司马睿，要求领兵北伐，收复中原。

司马睿不好拒绝祖逖的要求，就任命祖逖为豫州刺史，只拨给他一点点粮食和布匹，要他自己想办法招兵买马，建立军队。

豫州的地盘在北方，恰恰是敌人的占领区，祖逖毅然带领部属乘舟渡

江去上任。在江中心,祖逖用船桨猛击江水,发誓要收复中原。他的豪壮气概激励了随从他的人。

渡江后,祖逖赶造兵器,招募兵士。他的队伍纪律严明,作战勇敢,很快收复了黄河以南的大片失土。

赏析

自古以来,很多有志向的人为了考取功名,不论春夏秋冬、风霜雨雪,日复一日的寒窗苦读,经得起磨砺的人最终总能达成心愿。生性聪明的人不少,可是最终都能取得成就的人并不多;而真正笨拙的人不多,能创造自身价值的却不少,原因就是他们知道勤能补拙。再聪明的人如果没有毅力,不把心思放在正途,一生也可变得惨淡不羁。

爱迪生曾说过:"天才是百分之一的灵感加上百分之九十九的汗水。"他之所以能成为一个伟大的发明家,不单单是因为他本身的天分,更是他自己所认识的那样,加上了百分之九十九的汗水。

卧薪尝胆　　语出——《史记》

释义

睡觉睡在柴草上,吃饭睡觉都尝一尝苦胆。形容人刻苦自励,发愤图强。

故事

春秋末年,吴越两国在夫椒交战,吴军大胜,乘势攻破了越国的都城会稽。越王勾践夫妇以自身作抵押,向吴王夫差求和。吴王夫差为了实现霸业,显示自己宽宏大量,决定不杀勾践,带回吴国作马夫。夫差每次坐车出去,勾践总是给他牵马,吴国的老百姓跟在后面指着勾践说:"瞧呀,咱们大王的新马夫!"勾践羞辱万分,装作没听见。

就这么过了三年,勾践住在石屋里,整天干着喂马、扫马粪的脏活,百般小心地伺候夫差,尽力装得非常驯服,脸上从不流露怨色。

有一次,夫差生病了,勾践请求探望。进了内房后,正碰上夫差要拉屎,勾践赶紧过去扶着他,夫差让勾践先出去,勾践说:"老子有病,做儿子的应当服侍;大王有病,做臣下的也应当服侍。"夫差只好让他扶着。夫差拉完大便后,勾践背过身去,掀开马桶看了看,回头向夫差磕了个头,说:"恭喜大王,您的病已经过了危险期,再有几天就可以好利索了。"夫差感到奇怪,说:"你怎么晓得?"勾践说:"我对医术略知一二。刚才我看了大王的大便,又尝了尝,你肚子里郁积的毒气已经从粪便里散发出来了。"几天后,夫差果然可以起床活动了。夫差见勾践如此忠诚,倒觉得过意不去了,对勾践说:"你待我不错,我放你回国吧!"

勾践被释放回国后,发誓要报仇雪耻。他恐怕宫廷里舒适的生活会磨掉自己的志气,下令把软绵绵的褥子揭去,换成硬戳戳的柴草,睡在上面。他还在餐桌上方挂了一只苦胆,每到吃饭时,总要先尝尝苦胆的滋味。经过十年苦熬,越国的实力越来越强盛,渐渐超过了吴国。

在越国卧薪尝胆、发愤图强之际,吴王夫差却穷兵黩武,纵情声色。公元前482年,他不听臣下的忠告,派兵攻打齐国,国内怨声载道。勾践乘机发兵攻打吴国,攻进了吴都姑苏。夫差急忙派人求和。勾践估计自己的兵力一时还不够彻底消灭吴国,就答应了议和的条件。几年后,勾践

120

再次率军进攻吴国,以横扫千军之势,长驱直入,歼灭了吴国的军队。夫差逼得走投无路,叹息道:"我还有什么脸见人呢?"说罢就自杀了。

 赏析

有志者事竟成,苦心人天不负。一个人为自己确定目标的高度,决定着即将要走过的道路的长短艰辛和遇到挫折的多少,你的目标越远大,所要经历的苦难和波折就越多。只有经历过了这些磨炼才会使你不断地靠近成功。而不断的坚持,是使你勇敢地在这条路上走下去的唯一途径。

逆境运转,绝境逢生,有时候就在于坚持一下的努力中。坚持就是胜利,只要有恒心,有毅力,不畏艰难险阻,永不懈怠。抱着不达目的,誓不罢休的心态,定能成功。

五十步笑百步　语出——《孟子》

 释义

作战时败退五十步的人讥笑败退了一百步的人。比喻别人的缺点自己身上也有,却无自知之明。

故事

战国时候,魏国的梁惠王很喜欢打仗,常常为了一点儿小事就与别国大动干戈。有一次,他对孟子诉苦:"讲到治理魏国,我自以扪心无愧。每逢黄河以北一带收成不好时,我就把这里的老百姓搬迁到黄河以东去,同时调拨粮食给予救济。遇到黄河以东年成不好时,我也照此办理,使灾民们有吃有喝。你说有哪个国家的君主像我这样为百姓操心的呢!但是,邻国的百姓并不见减少,我国的人口也不见增加,这是怎么回事?"

孟子想了一下,回答说:"这样吧,您喜欢打仗,咱们就拿打仗的事情作比方。如果两国交战,一方的军队里有士兵临阵脱逃,有的逃得快,有的逃得慢,您说哪种人更怕死?"

梁惠王不假思索地回答:"我看都一样!"

孟子于是接着说:"如果那个逃得慢的士兵,嘲笑那个逃得快的士兵,说:'我才逃了五十步,可你倒好,逃了一百步,你真是怕死!'您觉得他的话有道理吗?"

梁惠王扑哧一声笑了出来,说:"有什么道理!五十步也罢,一百步也罢,都是向后逃跑了,都是怕死鬼!当真有这种不知羞耻的人吗?"

孟子笑道:"对呀,您既然明白这个道理,怎么能自以为比别国的国君高明呢?您经常兴师动众去打仗,老百姓就流离失所,大批死亡,农田荒芜,国库空虚,怎么能希望邻国的老百姓投奔魏国呢?您以为邻国的君主不如您对百姓好,是不是也有点像五十步笑百步呀?"

梁惠王很难为情,一时说不出话来。

 赏析

做错了事情,或者是遇到了小小的挫折和失败,我们总是习惯为自己

找借口。而且，如果借口之中还有别的参照物，我们更乐得做一比较。所以，当我们考得糟糕的时候，会想还有其他人比我们更加差劲；当我们跑得慢的时候，我们会觉得自己身后还有落单者。这样，或许我们的心理会平衡一些，但是对于我们是没有一点儿帮助的，这只会害了自己。知道自己的错误，反省自己，寻找根源，才会改进。只会找借口的人，他们会一直失败下去。

项庄舞剑 语出——《史记》

 释义

项庄在席上假装舞剑,真意是想乘机杀死刘邦。比喻别有意图的举动。

 故事

公元前 206 年,刘邦趁项羽在巨鹿与秦军主力决战的机会,抢先攻入咸阳,灭了秦朝。这下可把项羽的肺都气炸了:仗是我打的,功劳却让他给抢走了! 项羽急命部队开往咸阳,要跟刘邦算账。

当时项羽要想消灭刘邦,可以说是易如反掌。项羽的军队很快就打到了新丰县一个叫鸿门的地方,离刘邦驻军的灞上,只有四十里路了。项羽的军师范增是个足智多谋的人,主张趁早下手,铲除刘邦。刘邦手下的奸细也向项羽报信,说刘邦有称王的野心。项羽大怒,决定第二天攻打刘邦。

项羽的叔父项伯和刘邦手下的张良是好朋友,担心第二天打起来张良性命难保,就连夜赶到刘邦营中,叫张良赶快逃走。张良把项伯的话一五一十地报告了刘邦。刘邦自知力量不如项羽,决定暂时采取委曲求全的策略,第二天亲自到鸿门去向项羽谢罪。

第二天一清早,刘邦带着谋士张良、武士樊哙和一百多个随从赶到鸿门,拜见项羽。刘邦装出诚惶诚恐的样子对项羽说:"当初我和将军一起攻打秦军,您在河北作战,我在河南作战,自己也没有料到能够先打进关中,攻破咸阳。我自从进关以来,什么东西都未敢动,只是清点了官民的户籍,查封了秦朝的国库,日日夜夜盼望大王早日到来。我派些军队把守关口,

也只是为了维持秩序，防止盗贼，绝没有与项王分庭抗礼的意思。听说有些小人在大王面前造谣中伤，挑拨我们的关系，请大王不要轻信谣言。"

项羽是个大老粗脾气，见刘邦如此谦恭，心头的怒火很快就烟消云散了。他立刻换了语气，叫人摆上酒席，宴请刘邦一行。

宴席上项羽举杯劝刘邦喝酒，态度变得越来越和气。范增几次给项羽使眼色，并且一再举起身上佩带的玉玦作暗示，催促项羽下决心杀掉刘邦。可是项羽觉得刘邦很真诚，不好意思下毒手。

范增急了，把项羽的堂弟项庄叫来，说："项王心肠太软，你进去装作敬酒助兴，趁舞剑时杀了刘邦。否则，你我将来都是刘邦砧板上的鱼肉！"

项庄按剑进帐，敬酒完毕，便拔出长剑在酒席间舞了起来，那寒光闪闪的剑锋离刘邦越来越近。项伯见项庄来意不善，连忙起身，拔出长剑与项庄周旋，暗中保护刘邦，使项庄无法下手。

张良见情形危急，赶紧离席把守候在帐外的樊哙喊住，说："项庄在里面舞剑，看样子是想对沛公下毒手啦（项庄舞剑，意在沛公）！"樊哙听了跳了起来，撞倒守门的卫兵，一头冲进帐里。

樊哙大声斥责项羽不该听信小人之言，要杀有功之人。项羽无话可答，赐给樊哙酒肉。樊哙乘势坐在刘邦身边。项庄看到没法再下手，只好收起了宝剑。刘邦这才松了一口气，假装要上厕所，溜了出去。张良、樊哙紧紧跟随出来，劝他马上离开鸿门。刘邦有点为难，说："没有向项羽辞行，怎好走呢？"樊哙说："干大事的人，不必拘泥于小节。如今人家是快刀和砧板，我们弄不好就成了鱼肉，还告什么辞！"

刘邦留下带来的一双白璧和两只玉杯，要张良代表他分别送给项羽和范增，自己则在樊哙等人的护送下，一溜烟奔回了灞上。张良估计刘邦已安全抵达军营了，才进帐去向项羽告辞。

范增怒气冲天地把玉杯劈碎，仰天长叹道："将来与项王争夺天下的，必定是刘邦啊,我们都等着做俘虏吧!"

果然,自鸿门宴之后,刘邦、项羽争夺帝位的斗争愈演愈烈了。

赏析

"项庄舞剑,意在沛公"——看似只是一出表演,实则是为了剑指"沛公"。很多事情都不是我们表面看的那个样子,都有其深意。我们很多时候对于一件初见的事物,就轻下断言,结果往往得到了与真实南辕北辙的答案。很多事物都会披着层层外衣,让我们没有办法一眼看透。就像能够顺应外界变化的变色龙,我们怎么能够仅凭肉眼,就判断出它本身的色彩呢?其实,只要耐心分析,多多考察,我们总会找到事物的本真的。

笑里藏刀　语出——《旧唐书》

释义

脸上带笑,内藏杀机。形容表面和善而内心阴险狠毒。

故事

唐朝大臣李义府有个令人毛骨悚然的绰号——人猫。

谁都知道,猫虽然外表看上去十分温顺驯服,可是一旦它伸出利爪捕

杀猎物,就会抓得你血肉淋漓。

李义府还有一个更令人毛骨悚然的外号——笑中刀。了解他为人的人,连提起他的名字,也会打起寒噤。

李义府官高权重,为人极其阴险毒辣,但他在人前从来都是一副和颜悦色的样子,脸上总是挂着发自肺腑的微笑。你任何时候看他那张脸,宽宽的嘴角边是笑容,弯弯的眉梢上是笑容,细长的眼睛里是笑容,就连红红的鼻尖上也荡漾着友善的笑意。不摸底细的人,会以为像他这样整天笑眯眯的人,连蚂蚁也不会忍心踩死。许多善良的人,就是因为只看到了李义府的笑脸,没看出隐藏在这张笑脸后面的真面目,结果丧失了性命。

有一次,李义府得知本地监狱里关押了一个颇有姿色的女犯人,就花言巧语地说通监狱长,将这个女犯释放了,然后将她霸占为妾。后来,有人向朝廷揭发此事,李义府为了杀人灭口,逼迫这个监狱长上吊自杀,使案子死无对证,不了了之。等到风声平息后,他又暗中造谣中伤那个告发他的官员,直到这人被撤职流放才罢休。

李义府最会伪装,终究还是在世人的眼里现出了原形,人们为了互相告诫警惕像他一样笑里藏刀、言清行浊的人,便给他取了上述两个绰号。

赏析

看问题不能只看表面,要经过认真的分析和观察对比,作出正确的判断。有些事物和人,被人看到的只是某一瞬间的静态的表面,所以容易欺骗人的感官意识。

对人对事,我们都应该仔细地去辨别,去考量,只有看到事物的本质以后,我们才能够知道事物真实的样子。就比如,西瓜皮都是绿色的,但是里面的瓤可能是鲜红,也可能是白色的。你不剖开皮,怎么能够看到里面的实质呢?

削足适履 语出——《淮南子》

释义

把脚削去一部分以适合鞋子的大小。比喻不合理的迁就凑合或不顾具体条件,生搬硬套。

故事

春秋时,有一次楚灵王亲自率领战车千乘,雄兵十万,征伐蔡国。这次出征非常顺利,大军过处如秋风扫落叶一般,将蔡国军队杀得一败涂地,顷刻之间陷入楚国之手。

楚灵王看大功告成,便派自己的弟弟弃疾留守蔡国,全权处理那里的军政要务,然后点齐十万大军继续前进,准备一举灭掉徐国,使这次征伐锦上添花。

楚灵王的这个弟弟弃疾,说起他的为人,人们都看不起,因为他不但品质不端,而且野心极大,当然他不甘心仅仅充当蔡国这个小小的首脑,常常为此而闷闷不乐。

弃疾手下有个叫朝吴的谋士,这个人非常工于心计。这一天,他问弃疾说:"我看您近来心情不大好,每天总是闷闷不乐地饮酒,有时甚至连一句话也不说,不知您能否告诉我为什么,也许我能帮您出点主意!"

弃疾说:"哥哥只让我管理蔡国这个小地方,这样我还能有什么前途,不知你有什么妙计能让我摆脱这种处境,使前途更加辉煌?"

朝吴听了,笑笑说:"这事我觉得非常好办。现在灵王率军出征在外,国内一片空虚,你不妨在此时引兵回国,杀掉灵王的儿子,另立新君,然后

由你裁决朝政,将来当上国君还成什么问题吗?"

弃疾本来就是一个野心家,听了朝吴的话,将他野心之火煽得格外旺盛,他将什么都不放在眼中,果然按朝吴的办法,引兵返回楚国,冲进王宫,二话不说,杀死灵王的儿子,立哥哥的另一个儿子子午为国君。

后来,楚灵王在征讨途中闻知国内有变,儿子被弟弟杀死,顿时心寒,想想活在世上没有意思,就上吊自杀了。在国内的弃疾知道了楚灵王已死,马上逼迫子午自杀,自立为王,他就是臭名昭著的楚平王。

另一个故事是:

晋献公宠爱骊姬,对她的话真是言听计从。骊姬提出要将自己所生的幼子奚齐立为太子,晋献公满口答应,并将原来的太子,自己亲生的儿子申生杀害了。

骊姬将这两件事做完了,但心中还深感不踏实,因为晋献公还有重耳和夷吾两个儿子。此时,这两个儿子也都已经成人,骊姬觉得这对奚齐将来继承王位都是极大的威胁,便对晋献公说:"申生虽然死了,但重耳和夷吾还在晋国国内,将来大王百年之后奚齐为王,他们兄弟二人肯定会联合旧臣与奚齐为敌。如果这样,奚齐怎么能安安稳稳地当好这一国之君呢!"

晋献公听了骊姬的话,说:"我也担心这个问题,那依你之见,应该如何呢?"

骊姬建议杀了重耳和夷吾兄弟俩,晋献公竟欣然同意,但他们的密谋被一位正直的大臣探听到,立即转告了重耳和夷吾,二人听说后,立即分头跑到国外避难去了。

《淮南子》的作者评论这两件事说:"听信坏人的话,使父子、兄弟自相残杀就像砍去脚指头去适合鞋的大小一样(削足适履),太不明智了。"

赏析

为了适应一样东西,去让另外一样东西将就,过后想来是否值得,会不会后悔当初做那样一个决定? 事物总是在变化的,不会只朝着自己想的方面发展。当然做事需要有自己的主见,不是别人说怎样好就要怎样去做的,应该经过自己的思考,得到的答案才是值得去实施的。权衡利弊是很重要的一件事情,不然的话我们往往会得不偿失。就像为了追逐物质,丧失了道德感、正义感和善良的心,那样我们的未来根本就不会幸福。为了微小价值,放弃了宏观价值的行为是愚蠢的。

揠苗助长

语出——《孟子》

 释义

　　把苗拔起，帮助其生长。比喻不顾事物发展的规律，急于求成，反而将事情弄糟了。

 故事

　　宋国有个农夫，种了二亩地的麦子。他把希望全都寄托在了这块麦地上，幻想麦子丰收后，把它卖掉，再买一头牛犊和几只羊。

　　春天来了，万物复苏，大地回暖，麦苗一片葱绿。清晨一起身，农夫就跑到田头去看心爱的麦子，他见它们青翠茁壮、生机勃勃，不禁心花怒放，晌午，他一放下饭碗，又跑到田里去，见麦子还是原先那么高，就有些急了。他闷闷不乐地踱回家去，抽了没一袋烟，便又急不可待地赶往麦田，心想："这一回，肯定长高一些了吧。"可是，麦子一点儿也不懂得他的心思，仍旧那么矮。

　　农夫蹲在田埂上寻思了很久，终于想出了一条"妙计"。他乐得笑出声来，赶忙又走进麦田，弯着不太灵活的腰，将麦苗一棵一棵往上拔。

　　他忙得满头大汗，腰酸背疼，手上也沾满了绿汁。天擦黑的时候，他终于大功告成。望着那一片"长"高了许多的麦苗，他擦着脸上的汗水，仿佛已经看见沉甸甸的麦穗，闻见麦穗的香味，甚至听见牛犊的"哞哞"声和小羊羔的"咩咩"声。很快，牛犊长大了，拖着犁在田里跑得飞快；小羊也长大了，剪下的羊毛堆了一晒场，挤下的羊奶喝也喝不完……

　　农夫一路走着一路想着，把周身的疲劳忘得一干二净。回到家里，他得意洋洋地对家里人说："今天，可把我累坏啦！"家里人问他是为了什么事,他神秘地笑笑,说:"明天早晨,你们去麦田里看就是了!"

第二天一大早,农夫兴致勃勃地领着家里人赶到麦田,却一下子傻眼了,他大惑不解地咕哝道:"我本想拔苗助长的,现在怎么反倒枯死啦?"

 赏析

自然界保持着自己不变的规律,春天发芽、夏天开花、秋天结果、冬天凋零。我们存在于这个具有特定规律的自然界里,也必须遵循它的规律。任何事物都不可能依照谁的想法去改变,不同的阶段里事物总有它存在的意义,而我们能做的是只在这个阶段里做好自己该做的,急于求成往往会导致事倍功半的效果,这样的例子不计其数。所以,沉淀下来,问问自己在这个必经的阶段里还能做得更好吗?

 偃旗息鼓　语出——《三国志》

 释义

原指放倒军旗,停击战鼓,不露目标。后用来比喻休战或停止行动。

 故事

三国时期,魏、蜀两国争夺汉中,刘备和诸葛亮率兵攻打曹操。曹操

因定军山一仗失败惨重，便决定屯集粮草，与蜀军决一死战。他率四十万大军到了汉水，又命令部将张郃把米仓山的粮草运往汉水北山寨屯集。在张郃到来前，按兵不动。

刘备和诸葛亮分析了这一形势，诸葛亮说："现在曹操粮草未齐，是不敢轻易进兵的。不如乘机派一支兵马深入曹营，烧掉他们现有的粮草，挫伤他们的锐气。"刘备点头称是，就派老将黄忠和小将赵云一同领兵前往。

黄忠争打头阵，赵云拗不过，便说："那我就在后面接应你吧。明天中午，如果你得胜归来，我就按兵不动；否则，我就带兵去支援。"次日凌晨，黄忠领兵偷偷渡江过汉水，来到北山脚下。正要放火烧粮草，魏军张郃赶到。两军杀得昏天黑地。

赵云见黄忠在约好的时间内没有回来，知道他遇上了麻烦，急忙带领几十名轻骑兵赶去察看。没想到半路正好碰上曹操率大军出击，双方交了一阵火，赵云终因寡不敌众，冲出包围圈，退出营地。

赵云回到云寨后，部将张翼主张关紧营门，以便死守。赵云却命令大开营门，他说："当年大战长坂坡，我单枪匹马，不怕曹操百万大军，现在有兵有将，还怕他什么！"说完，下令偃旗息鼓，独自骑马提枪挺立在营门口，准备迎敌。

天快黑时，曹军赶到。曹操见赵云单枪匹马立于营门，毫无惧色，他身后的营地一片寂静，疑有大批伏兵，立即掉头后撤。赵云乘机追杀，把枪一挥，埋伏的兵马一齐冲杀出来，一时战鼓齐鸣，喊声震天，雨点似的利箭飞向曹军。赵云紧追不舍。由于天色较晚，曹军弄不清楚赵云到底有多少兵马，不禁惊恐万状，纷纷逃命，死伤者不计其数。随后，赵云、黄忠合兵追杀残敌，吓得张郃弃寨而逃，曹操也丢下北山的粮草，仓皇南去。赵云攻下了曹军营寨，黄忠夺下了北山粮草，两人打了一个大胜仗。刘备夸赞道："赵子龙一身是胆！"

赏析

人们总是喜欢那些勇往直前、征战沙场的勇士，觉得这样的人才是真正值得推崇的。其实，很多时候，对于暂时的有利局面，我们大可不必乘胜追击、赶尽杀绝。试着将自己的心态放得平和一些，平静地思考和分析自己，这样就不容易因为冒进而失去了理智，因为急切而忘记休憩。

能够学会以退为进，随时在风浪中调整自己的人，才是成大事者。所以，不要急功近利地去追逐，要学会平心静气地去思考。

 养虎遗患 语出——《史记》

 释义

养着老虎，留下祸害。比喻纵容坏人，留下祸害。

 故事

秦末楚汉相争，汉军在汜（sì）水击破楚军主力，战局对楚极为不利。当时，汉军人数大大超过楚军，粮食富足；而楚军将士疲惫，缺乏粮食。刘邦考虑父亲在项羽手中，就派陆贾前去楚军，劝说项羽归还刘太公。但是，项羽却不愿意。于是，刘邦又提出：归还刘太公，然后与项羽平分天下，以鸿沟为界，东面属项羽，西面属刘邦。项羽这才同意了。

当项羽送回刘太公以及刘邦的妻子儿女后，刘邦准备按约撤兵西归。谋士张良、陈平劝说刘邦道："现在的局势对汉很有利，汉军占据了天下的三分之二，而且诸侯都归附汉。楚军疲惫不堪，又缺乏食物，这正是上天灭亡楚的大好时机，怎么可以随便放弃呢？"刘邦说："为了我和项羽二人，天下已进行了数年的征战，再打下去，不知又要死去多少人。何况项羽又归还了我的家人，撤军东归了。不如就此休战，也算是为天下老百姓做一件好事。"张良说："机会放弃了就不会再有，日后项羽的势力强大了，汉军恐怕不是对手。今天不乘胜追击，这不是养只猛虎给自己留下祸害吗？"

于是，刘邦采纳了张良、陈平的建议，派遣军队追击项羽，又命令在外地的大将韩信和彭越出兵共同攻击项羽。不久，各路军队汇集在一起，将项羽围困在垓下。最后，项羽兵败自杀了。

 赏析

我们要懂得分清是非，不是什么人都可以做朋友。如果交友不慎，那么只会是给别人机会来伤害你。

很多人都把不好的习惯当做自己的好朋友，每天都要不停地和它们亲密接触。结果这缺点就像是被喂养的老虎一样，从无关痛痒的小老虎变成能够吞噬我们的大老虎。老虎终究是会吃人的动物，如果还要去"喂养"它，不远离它，以后被它咬了只能是咎由自取的结果。

我们为什么不在那些"猛于虎"的坏习惯还没有发展壮大的时候，就把它们杜绝呢？只有远离它们，我们才不会留下后患啊！

叶公好龙 语出——《新序》

释义

叶公喜欢龙。比喻表面上爱好某事物，实际上并不是真正爱好，甚至畏惧它。

故事

春秋时代，楚国叶地有个县尹叫沈诸梁，字子高，因自称"叶公"，所以大家都叫他"叶公子高"。

叶公嗜龙成癖在当地是出了名的，可以说是无人不知，无人不晓。他的家中到处都雕着龙，墙上画着龙，帷帐、坐垫、衾枕上绣着龙，甚至连杯、盘、碗、筷等日用器皿上也纹着龙样，简直是一个龙的世界。

一传十、十传百，叶公爱龙如命的美名终于传到了天上。天上的真龙听说人间有这么一位叶公竟对自己如此喜爱，如此痴迷，真是感动得无法形容。它决定下凡登门拜访，亲自去向叶公表达真挚的谢意。

真龙降临叶公家的时候，叶公正在午睡。他刚好做了一个梦，梦见自己骑在一条巨龙背上向天空飞去，身边云雾缭绕……忽然，他被一阵"轰隆隆"的雷声惊醒，猛地从床上爬起，朝窗外看去。好家伙！窗外乌云压顶，负掣电闪，大雨倾盆，可怕极了。他赶快去关窗户，却不料真龙正巧探进头来，只见它双角耸立，两眼圆睁，好不威风！叶公吓了个半死，拔腿就逃。跌跌撞撞逃进堂屋，又被真龙巨大的尾巴绊了个跟头。他"啊——"地大声一叫，便软瘫在地上失去了知觉，那模样就同死了一般。

真龙莫名其妙地看着不省人事的叶公，闷闷不乐地飞回天上去了。

它兴致勃勃而来,扫兴沮丧而归,到最后也没弄明白自己究竟闯了什么祸。

左邻右舍听说了这件事,都异口同声道:"原来叶公喜爱的是那似龙非龙的假龙,而不是真龙呀!"

赏析

我们的一生总是在不断地追求。各种希望充塞了每一个夜晚的梦。梦醒之后,我们在汗水和泪水中去寻找实现梦想的路。然而,当真正地实现了自己的梦时,却发现,我们所追求的,往往不是我们想要的,而我们却已经为之付出了很多。

我们不能只活在自己的梦中。这个世界上美好的事物很多,但并不是全都适合自己。"乱花渐欲迷人眼",我们所需要的未必是那朵最鲜艳的,只有用自己的心去看,才会知道哪一朵才是自己最想要拥有的。

做一个好龙的叶公,只会失去真正属于自己的梦;让心灵去选择,才能拥有属于自己的天空。

夜郎自大

语出——《史记》

释义

比喻骄傲无知的肤浅自负或自大行为。

故事

汉朝的时候,我国西南地区约有十几个小国。其中一个国家叫滇国,一个叫夜郎国。

有一次,汉朝朝廷派唐蒙作为使臣,出使西南。唐蒙先到了滇国,滇国的国王问他:"你从哪里来呀?"唐蒙答道:"我从汉朝的首都长安来。"国王又问:"汉朝是一个国家吗?它有多大的地盘?与我们的国家相比,谁大一些呀?"唐蒙听了他的话,心中很纳闷:这样一个跟州郡差不多大小的国家,怎么能跟汉朝相比呢?

接着,唐蒙又来到了夜郎国。夜郎人口稀少,土地贫瘠,出产的东西也极少。至于面积就更小得可怜,跟汉朝一个普通的县相似。唐蒙在没有去见国王之前,先来到茶馆里,向人打听国王是怎样一个人,没想到还真听到了这位国王鲜为人知的身世:

夜郎国的国王出生后就被装进一个大竹筒里,抛到了河里。这时,碰巧有位姑娘在河边洗衣,见水上漂来一个大竹筒,里面隐隐传来婴儿的哭声,就赶紧捞起来,带回家去。竹筒里的男孩长大后,生得强壮勇敢、气概不凡,后来居然自立为王,建立了这么一个夜郎国。

唐蒙听了这段故事,心中暗暗称奇。他来到王宫,要求拜见国王。得到允许后,便走了进去,躬身行礼,道:"大汉使臣唐蒙拜见国王陛下。"国

王傲慢地扫了唐蒙一眼,哼了一声,慢条斯理地说:"大汉?你们的国家有多大,居然称'大汉'?"唐蒙说:"陛下,我们大汉朝是中原之主,泱泱大国呀!"国王哈哈大笑起来:"泱泱大国!你那个泱泱大国还能比我们夜郎国更大吗?"旁边的夜郎国大臣也跟着哄笑起来,把唐蒙都笑懵了。

滇国的国王就够不自量力了,谁料小小的夜郎国的国王竟有过之而无不及,唐蒙真是又好气又好笑。面对这些从未跨出过山区、走出过自己王国的君臣,还能讲些什么呢?也许,只有四个字可以概括:夜郎自大。

赏析

井底之蛙永远只能看到一个井口那么大的一片天,而它便以为天空只有井口那么大,它所看到的那片天便是整片天。可是事实上谁都知道不是,除了那只每天仰望天空的青蛙。也许人人都会嘲笑它,因为它的坐井观天,更因为它的自以为是。当嘲笑它的同时,是不是应该回头问下自己,是否也曾坐井观天过,或是正在为比别人多懂一些而洋洋得意呢?可别再做一个井底之蛙,更别像夜郎那样狂妄自大啊!

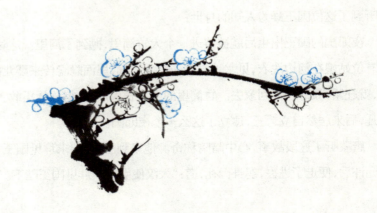

一箭双雕 语出——《北史》

 释义

一箭射中两只雕。比喻做一件事情,能够收到两方面的效果,得到两种好处。

 故事

长孙晟(shèng)是北周时期洛阳的一员武将,他聪明好学,矫健敏捷,精通兵法,武艺高强,尤其擅长于射箭。

北周宣帝在位时,西北的少数民族突厥的可汗摄图,到北周求婚,宣帝答应把千金公主嫁给他,就派遣长孙晟率领一队人马,护送公主到突厥去。可汗很敬重长孙晟,留他在突厥住了一年,还常常同他一起外出打猎。久而久之,长孙晟就远近闻名了。突厥人把长孙晟飞快驰马的姿势美誉为"闪电",把他勇猛刚烈发箭的声响夸张为"霹雳"。

有一次,长孙晟照例同可汗外出打猎,突然间发现空中有两只大雕,正在一边飞翔一边争夺着一块肉。可汗有心让长孙晟显显本领给他的随从们看看,就从箭袋中抽出两支箭,笑着递给长孙晟,说:"请将军把这两只大雕都射下来吧!"长孙晟接过两支箭,一催马,朝前方急驰而去。这时,两只大雕正厮打得昏天黑地、难分难解。长孙晟搭上箭,拉开了,趁它们紧紧纠缠在一起的片刻,"嗖"地射出一箭,一下子把两只大雕都穿透了。

顿时,所有在场的人都欢呼起来,连连称赞道:"将军一箭双雕,真不愧为是神箭手啊!佩服!佩服!"可汗更是高兴,当即命令自己的子弟

和部下拜长孙晟为老师,恭恭敬敬地向他学习射箭的技艺。

赏析

做事情都需有踏踏实实的精神,不能够期望一飞冲天。许多人因为好高骛远、急于求成,结果输得一败涂地。只是我们所讲的踏实的精神,并不是说要人们那么愚钝地应对事物。当我们面对的事物出现某些契机可以让我们事半功倍的时候,我们应该抓住这个机会,用极少的力气达到最好的结果,那是可遇而不可求的事情。所以,我们没有理由去放弃这样的机会。机会既然来了,我们就抓住它吧。

一鸣惊人 语出——《史记》

释义

一声鸣叫就使人震惊。比喻平时默默无闻,突然就做出了惊人的事。

故事

战国时代的齐威王,继承王位时还不足三十岁,正是贪玩的年龄。他春风得意,全不把国家的安危和百姓的祸福放在心上,整天只知道在宫中吃喝玩乐,沉溺于酒色之中,有时候甚至一直喝到天亮才肯罢休。轮到坐早朝时，他才刚刚入睡，于是许多事情都只能由大臣代劳了。这样一连三年，搞得朝政混乱，人心涣散，边境上也频频传来警报。有的诸侯国看见齐国日趋衰落，便乘机进攻齐国，侵占了不少土地。群臣百官私下里议论纷纷，都担心如此下去国家将要灭亡，可是谁也没有胆量进宫直谏。

有个叫淳于髡（kūn）的大臣很善言辞和随机应变。他进宫叩见齐威王，说："臣听说国中有一只大鸟，三年来不飞也不叫，您说，这到底是只什么鸟啊？"齐威王只知道淳于髡是在喻他治国无功，就笑了笑说："这可不是一只平凡的鸟呀，它不飞则已，一飞冲天；不鸣则已，一鸣惊人！"

从此以后，齐威王开始振作起来，他带着群臣走出王宫，到各地视察。他先来到即墨，看见田里的庄稼长势很好，百姓生活也安康，就对即墨大夫说："我在宫中天天听见有人说你的坏话，现在却亲眼所见你的成绩，看来，你是一个正派人。"说罢，当场封给他一万户。

接着，齐威王又巡察了阿地，看见农田荒芜，百姓愁苦，非常生气，立即召来阿地大夫，训斥道："我的宫里天天有人帮你说好话，今天才知道你的真相！"当即令人将阿地大夫押回京城，又召集全国七十二个县的长官，视优劣给予奖惩。最后把阿地大夫和那些帮他说好话的人都扔进油锅处死，杀一儆百。

同时，齐威王又整顿了兵马，严加训练，并亲自率领军队打败了魏国的入侵军队。从此，齐国朝政清明，局势稳定，百姓安居乐业，各国君主无不惊叹道："齐威王真是'不鸣则已，一鸣惊人'啊！"

 赏析

人世中的许多事，只要想做，都能做到，尽管会遇到很多困难，很多险阻，只要我们勇于克服困难，解决障碍，只要经过自己的努力和争取，成功终会到来的。

每一条成功的路都不一样,有的宽阔,有的狭窄,有的曲折,有的布满荆棘,只要我们在这段路上勇敢地向前走,不断地突破重围,积蓄力量,成功就会像那初升的太阳,在黎明最黑暗的背后向我射出最耀眼的光芒。

一诺千金　　语出——《史记》

释义

一经允诺,价值千金。比喻说话极守信用。

故事

秦末楚人季布,一向很仗义,肯助人,讲信用,他在家乡楚地享有极好的声誉。他曾在项羽军中当过将领,并多次把刘邦统帅的汉军打得狼狈不堪。所以,项羽被逼自杀,刘邦建立汉朝做了皇帝后,便下令悬赏捉拿季布。但由于季布威信很高,竟无人贪财告发。倒是有一位姓周的帮季布化了装,偷偷护送到鲁地,卖给朱家当雇工。姓朱的明白来人是刘邦通缉的季存,就想办法保护他,还嘱咐儿子好好款待。接着,他又专程赴洛阳,找到已被刘邦封为"汝阴侯"的好友夏侯婴。

姓朱的对夏侯婴说:"季布过去是项羽的部下,能不听从项羽的命令吗? 今天皇帝因为自己的一点儿私仇,就要杀季布,太不能容人啦! 季布是有名的贤人,如果追捕得太厉害,只能把他逼到敌国去,那岂不是重演了伍子胥的故事了吗？"

姓朱的一席话，打动了夏侯婴。经夏侯婴的劝解，刘邦终于赦免了季布，并且让他做了官。

这时候，有个名叫曹丘的楚人，来结交季布了。此人能说会道，专门靠结交权贵抬高自己的身价，乘机再捞点好处。季布很讨厌这种人，不愿理他。可是曹丘死缠住季布不放，侃侃而谈道："你我是同乡，同乡之谊比什么都珍贵呀。您知道我们楚地有一句民谚吗？说是'得黄金百斤，不如得季布一诺'，您守信用的美德传扬得多么广泛，这都是我为您做宣传的结果啊！我将您的盛名传扬天下，这份情谊还不重吗？然而我听说，您还不乐意见我……"

季布架不住这翻恭维，顿时改变了态度，忙说："哪里，哪里，我可是一直在等候着您的呀……"他把曹丘当成上宾招待了几个月，临别时还送他一份厚礼。从此，曹丘也更卖力地替季布做宣传，使季布"一诺千金"的名声越来越大。

 赏析

有个故事叫《狼来了》一定是耳熟能详了，当你第一次说谎的时候他人还是会相信你，第二次人们会半信半疑，但还会相信，而第三次，他再也不会相信你了……从此以后，无论你说什么，人们都不相信你。

一丝一毫关乎节操，一件小事、一次不经意的失信，可能会毁了我们一生的名誉。做任何事，信用都是至关重要的，不管你是学生，是老师，是职员，还是企业家，每一句话说出后都应该言出即行，说到做到。这样才会树立自己在别人心中的形象，否则一个没有信用的人做事情很难成功。

一丘之貉 语出——《汉书》

释义

同一个山丘上的貉，比喻彼此相同，没有差别（专指坏人）。

故事

西汉时的杨恽，是汉昭帝时的丞相杨敞的次子、汉武帝时的太史令司马迁的外孙。他读了外祖父的《史记》后，获得了很多知识，加上人聪明，又广交文士，所以出名较早。

汉宣帝时，由于告发霍光谋反有功，杨恽被封为平通侯，在朝廷上做了中郎将的官。他为官清廉，轻财好义，曾把父母留下的家产全部分送给亲属。但是，他对人的要求太高，对朝中的大臣们都不放在眼里，有时甚至议论汉宣帝，因此朝廷中有些人同他结下了怨恨。

太仆戴长乐与他的私仇最深。戴长乐被人告了一状，遭逮捕下了大牢。他怀疑是杨恽告的密，就在狱中写了封信，向皇帝告状。信中列举了杨恽的好几条罪状，其中最重要的一条是说"杨恽诽谤当今皇上"。他在信中这样写道："……从匈奴投降过来的人，说起他们的单于被杀的事，杨恽听了，就发议论说：'这样无能的国王，不听从大臣的忠言善计，当然该死。从前的秦朝也是这样，宠信奸臣，危害贤良，结果导致了灭亡。假使秦朝能信任有才能的大臣，说不定现在还是秦朝的天下哩。总而言之，古代与现今的君王，都是一丘之貉！'杨恽分明是在借古讽今，违背了人臣之礼……"

汉宣帝看过戴长乐的信后，心中很不高兴。但念及杨恽过去的功劳，没有治他的罪，而是将他和戴长乐一起削职为民。杨恽回到老家后，心里很不服气,在给朋友孙会宗的信中发了许多牢骚。这事被汉宣帝知道了,他再也不能容忍,就将杨恽腰斩了。

赏析

人和人之间都有不同的圈子,每个圈子都有不一样的氛围。人都是物以类聚的,有些圈子积极上进,有些圈子消极堕落,有些圈子心存大志,有些圈子无所事事。我们要选择好自己的圈子,自己的朋友,这是左右我们人生方向的很重要的因素。

要是进了不好的圈子,那么无疑会对我们自身造成恶劣的影响。我们要看清楚圈子里的人,就能以小见大,由此及彼地判断这个整体了。

庸人自扰 语出——《新唐书》

释义

指本来没有问题却认为大有问题,自找麻烦,自寻苦恼。

故事

唐朝时候,有个叫陆象先的官吏,他在朝廷上任监察御史时,因为为政清廉,敢于直言,唐睿宗很看重他。但是到了唐玄宗时,他却由于得罪

了皇帝,而被贬到益州大都督府任长史兼剑南道按察使。

陆象先到任之后,就有一位叫韦抱真的司马对他说:"这个地方的老百姓特别愚顽。天不怕地不怕,难管教得很,你必须施用严刑,给他们一个下马威。这样,才能树立起你的威信来。"

陆象先一贯反对滥用酷刑,听到韦抱真的话后,他摇摇头说:"老百姓的事情要靠治理,只要治理得好,社会安定,老百姓自然就听你的了。为什么一定要用刑罚来树威信呢?"

陆象先坚持宽大为怀的政策,对老百姓不用酷刑,发现小官吏犯了错误,也只是训诫一下,责令以后不许重犯。大官们对陆象先的这种做法不满,认为太轻了,最起码应该拿板子打他一顿。陆象先严肃地对大官们说:"他们犯了法,你们是有不可推卸的责任的。如果真要打板子,那也该先打你们!"一番话说得那些大官脸红耳赤,羞愧地躲开了。事后,陆象先对他衙门里的人说:"世上本无事,庸人自扰之。我今天若不从根本上解决一下思想问题,以后还会生出许多麻烦事情来的。"

就这样,陆象先不变初衷,一直按自己的一套办法治理州郡,治理得很有特色,也很出色。老百姓拥戴他,官吏们也十分佩服他。上上下下融洽相处,一派和平景象。

 赏析

花更多的时间去猜疑别人,不如把这时间省下来做些实际而有意义的事情。鼠目寸光的人总担心眼前会有障碍,凭空想象出各种不一定会发生的事情来给自己解决,而真正高瞻远瞩的人则愿意放宽心态去看事物,懂得把有限的精力投入到真正能解决事情的关键因素上,免去更多的后顾之忧。以温柔的目光投向他人,也会接受到同样的温暖,不要自己给自己套上一些不必要的枷锁。

游刃有余 语出——《庄子》

刀刃在骨节空隙中自由移动，没有一点阻碍。形容技巧纯熟，办事轻松自如。

战国时期，魏国有个著名的厨师，他特别擅长宰牛。一头牛到了他手里，他手、脚、肩、膝随解剖刀协调动作，就像音乐一样有节奏，一会儿就将牛宰杀完毕，真是又快又好。

厨师的名声渐渐传开，魏惠王听了将信将疑，就亲自到厨房去看。只见厨师手起刀落，毫不费力地将牛的骨头和肉分割开来，动作十分麻利，魏惠王惊叹不已，问："你的手艺怎么会这样高明呢？"厨师笑道："其实没有什么奇怪的，我只不过弄清了牛的身体结构罢了。我刚学杀牛时，看到的是一头整牛，应从哪儿下手，心里一点儿数也没有。学了三年之后，我知道了牛身上哪儿是筋骨，哪儿是肉，再下刀时就胸有成竹了，只需顺着骨和肉的缝隙下刀就行了。"

魏惠王看了看厨师手中那把雪亮锋利的刀，又问道："你使用的，一定是把新刀吧？"厨师摇摇头说："不，我这把刀已经用了十九年了。"

魏惠王十分惊讶，不相信地说："不会吧，我听说宰牛的人是要经常换刀的。"厨师回答说："是的，初学宰牛的人，一个月就得换一把刀，因为他们的刀刃只用来割肉。而我的这把刀，已经使用了十九年，杀了几千头牛。为什么它还像新的一样呢？是因为我游刃有余呀！肉和骨头之间

的空隙总要比刀刃宽的,只要瞄准了空隙,把刀刃插进去,还不绰绰有余吗?哪里还会伤到刀刃呢?不过,碰到个别复杂的结构,我也是不敢马虎的,总是小心翼翼地行事,以免碰到骨头。"

魏惠王听到这儿,长长地"哦"了一声。他从厨师的话中获得了不少启示。

赏析

常听人说"熟能生巧",比喻熟练了,就能找到其中的窍门。而厨师解牛便是找到了其中的所谓窍门,所以杀牛对于他来说就成了驾轻就熟的事情。同样的才能,同样的老师,都是从一个不会再到会的过程,有些人在一段时间之后,可以将才能发挥到极致,而有些人不管多久还是在原地踏步没有进展。事实告诉我们,学习任何一种才能都应该要去思考其中暗藏的道理,只是光学表面功夫是不可能取得精湛的技艺的。

有志者事竟成　语出——《后汉书》

 释义

有坚定意志的人，事情终能成功。

 故事

　　耿弇（yǎn）是东汉王朝的开国功臣，他对汉光武帝刘秀非常忠心，建国不久就建议皇帝消灭各方势力，统一全国。可是，刘秀对耿弇的计划能否顺利实现，心存疑虑。耿弇便自告奋勇亲率大军，讨伐占据山东的张步。

　　当时，张步的力量尚比较强大。他的弟弟张蓝领着两万精兵，驻守在山东的西安县，而距西安县四十里的临淄，也有张步的其他部队，共一万多人在防守。耿弇仔细分析了形势，认为西安虽小，但城池坚固，兵强马壮；而临淄虽然城大，却实力不强。于是，他决定佯攻西安，实攻临淄。

　　张蓝见耿弇来攻西安，十分害怕，督促士兵日夜严守，不敢有丝毫懈怠。一天半夜，耿弇突然集中优势兵力，向临淄发动猛攻，临淄的守军没有防备，一下子慌了手脚，只半天时间，就拱手让出了城池。张蓝一见临淄失手，也吓得逃跑了，耿弇把两个城都拿了下来。

　　张步见连失两城，十分气恼，亲自率领二十万大军直取耿弇。双方也中箭负了伤。刘秀很为耿弇担心，便亲自带了一支兵马前去增援。这消息传到耿弇军中，有的部将便劝耿弇："张步的兵马仍很强，我们休战等援军吧。"耿弇训道："皇上驾到，我们只能宰牛备酒迎接，报告他胜利的消息，哪能把困难留给他来解决呢！"他忍着箭伤，拼死与张步对抗，从早

到晚,杀死敌军无数,尸首横亘在路上,绵延八九十里。

刘秀来到耿弇营中,张步早已大败而逃了,刘秀在众将面前大大地夸奖耿弇道:"耿将军以前在南阳的时候,就提出过夺取天下的重大建议,不过那时候总以为这是不容易办到的,而现在,这建议终于变成了现实。真是有志者事竟成啊!"

赏析

意志是成才和成事的内在动力,意志是一种无坚不摧的力量,当你坚信自己能成功时,你必能成功。成功的奖赏永远置于路的终点,而不是起点,只要你认准这条路,尽管你不知道要多久才能到达目标,尽管路上有很多困难险阻,但是,只要你有信念,有坚定的意志,那么成功就不会离你太远,你终会到达。

在走向成功的路上,只要意志在心中,把每一个困难的障碍都当做迈向目标的阶梯,勇敢地迎接暴风雨的挑战,终会成功。

约法三章　　语出——《史记》

释义

约定法律三条。原指订立法律,相约遵守,后泛指订立简单的条款。

故事

在秦末的反秦义军中，项羽与刘邦的力量最强。那时，以项羽为首的起义军在河北一带全歼了秦军章邯率领的主力军；以刘邦为首的义军长驱直入，攻下了秦朝首都咸阳。

刘邦的军队进入咸阳后，将士们纷纷争着去拿皇宫里的金银财宝，闹得乱哄哄的。刘邦来到阿房宫，见宫殿那么豪华，宫女那么美丽，简直都不想离开了。

这时，他的部将樊哙（kuài）闯了进来，说："您是要打天下，还是想当个富翁啊？正是这些奢侈华贵的东西使秦朝灭亡的，您还要它们干什么？还是赶快回军营吧！"刘邦不听劝告，说："让我歇歇吧！"碰巧张良也进来了，听到樊哙的话，也说："樊哙说得对呀……"刘邦一向很尊重张良，就下令封存皇宫的仓库、财物，任何人不得擅自动用，自己则率领大军退出城外，驻扎在灞上。为了严明法纪，安定民心，刘邦召集关中各县父老、豪杰开会，说："你们已经被暴秦折磨惨了，现在我宣布废除秦的一切严刑苛法，地方官吏照常各行其职。我们是为父老们除害来的，不是来欺压你们的，请大家不必害怕！"刘邦还与众人约法三章：第一，任意杀人的，要判死刑；第二，伤害别人的，要办罪；第三，对偷盗抢劫的，也要惩罚。这三条法律被广泛宣传，受到老百姓的一致拥护。他们拿着牛肉、羊肉和酒食来慰劳刘邦的部队，刘邦不收，说："我们的军粮很充足，岂敢烦劳父老们破费？"从此，刘邦的威望更高了，老百姓都希望他能继秦为王。

赏析

人与人之间的信任有时候就是一纸契约，互相尊重，互相守约，才能够和谐相处。如果人与人之间彼此没有互相约束，人与人之间就没有了

信任。因此,我们和他人相处的时候,要学会约束自己,不要逾越人与人之间应有的规则和界限。这样是对他人的最大尊重,也是对自己人格的必然要求,这样的人势必也会受到相应的尊重的。

不要忽略人与人之间的契约关系,就像鸟儿就该在天上飞翔,鱼儿就应该在水底游弋,如果都不恪守自己的规则,越过雷池,可能会招致致命的危险。

运筹帷幄　　语出——《史记》

释义

在军帐内对战略做全面计划。常指在后方决定作战方案。也泛指主持大计,考虑决策。

故事

张良是汉朝的开国功臣。他本是韩国人,祖父、父亲都做过韩国的相国。韩国被秦国灭掉时,张良尚年轻,为了替韩国报仇,他变卖家产,到外面去结交英雄好汉。后来,他果然认识了一位勇士,就跟随他去刺杀秦始皇。张良为此专门铸造了一个重一百二十斤的大铁锥。遗憾的是,这次刺杀行动失败了,张良受到通缉,便逃到下邳(今江苏邳县)。他在下邳隐姓埋名,一面钻研兵法,一面等待时机。

下邳距刘邦的家乡沛县很近。刘邦起兵后，张良就参加了他的部队。张良身体不好，从未带兵作战。但他足智多谋，为刘邦出了许多好主意。因此，他和萧何、韩信被称为"汉兴三杰"，成为刘邦的主要谋士。

公元前 206 年，刘邦正式当上皇帝，称为汉高祖。汉高祖举办了一次盛大的庆功宴会，席间他对大臣们说："我们今天欢聚一堂，说话不要有顾忌。你们说说，我是怎样得到天下的？巩羽又是怎样失天下的？"

大臣王陵等说："皇上对将士有封有赏，所以大家都肯为皇上效力；项羽嫉贤妒能，打了胜仗，忘了人家的功劳，所以失去了天下。"

汉高祖笑了笑，说："你们只知其一，不知其二。要知道，是成功还是失败，全在用人的得当与否。运筹帷幄之中，决胜于千里之外，我不如张良；镇守国家，安抚百姓，供应军饷，不绝粮道，我不如萧何；统率百万大军，战无不胜，攻无不克，我不如韩信。这三个人，都是当代的人杰，我能用他们之所长，正是我取得天下的根本原因。项羽连一个范增都不能用，还谈得上什么拥有天下呢？"

大家都佩服汉高祖的高见。一年后，张良被封为"留侯"。

 赏析

世界上任何一个成功者，都懂得运用人才的道理。他们渴求人才，也深知有才能的人的重要性，而发挥他们各自的才能更是重要。世界上有才能的人很多，可是能发现有才能的人并不多，其中能将有才能的人汇集起来发挥其用武之地的人更是少中之少。

成功者不但要像伯乐一般会识别千里马，更要思考如何取其所长，最终使他们的力量集中起来，积少成多的力量才是无穷的。

真正的智者，不是一定是最聪明的人，而是能够运筹帷幄，统领全局，发挥出集体才干的人。

招摇过市　语出——《史记》

释义

指在公开场合大摇大摆显示声势，引人注意。比喻故意张扬炫耀。

故事

春秋时期，孔子为了推行他的政治主张，带领弟子周游列国。他首先来到卫国。卫国的国君卫灵公根本不问国事，大权都掌握在他的夫人南子手里。南子听说孔子到了卫国，很想见见他，就派人去对孔子说："天下各方的君子，凡是愿意与我的君主以兄弟相称的，必定要来见我，而我也很高兴会见他们。"

可是孔子却婉言谢绝了南子的邀请，因为他听说这位夫人的品行、名声不大好。南子于是又派人去请，孔子无奈，只好去拜见南子。他进门以后，向南子施了礼，南子隔着一层帘幔向孔子还礼，衣裙佩带上的珠玉饰物发出叮叮当当的响声，外面听得十分清楚。这样的事情，发生在那样一个崇尚礼教的社会，尤其是发生在孔子那样一个注重礼仪的夫子身上，当然要引起各种议论，孔子的弟子、性格刚直的子路，首先对老师的这件事表示不满，急得孔子对天发誓，连连解释完全是出于不得已。

过了一个多月，卫灵公又来邀请孔子同游街市，卫灵公与南子同坐在前一辆车上，还有一个亲信太监陪着；孔子坐在后一辆车上。两辆马车张张扬扬地从闹市穿过，惹得街两旁的行人对他们侧目而视。孔子对这样"招摇过市"很不习惯，觉得浑身不自在。他坐在车上看见卫灵公对南子亲昵的样子，颇有感触地说："人们是这样喜好女人，而不喜好德行啊，我还没有见过重视德行像重视女人一样的人哩！”

这次巡游引起了更多的议论。孔子感到很尴尬，就赶快离开了卫国。

 赏析

一个没有才能的人，没有可以值得炫耀的东西，才会喜欢招摇。沉甸甸的谷穗总是谦虚地低头，那些腹中空空的谷粒总是自负地昂着头。其实，大家只会用手捧起沉甸甸的谷粒，而会把空空如也的谷壳扔到一边去。

实际上那些一无所有的自负者总是刻意地去炫耀自己，岂不知这样无疑是把自己的缺点更加凸现出来，显得更加不堪而已。我们不要做这样的招摇者，不然只会贻笑大方。

枕戈待旦　　语出——《晋书》

 释义

枕着武器躺着，等待天亮。形容保持警惕，一刻也不松懈。

 故事

西晋时，有个魏昌人叫刘琨，他精通武艺能诗善赋，青年时代就有为

国立功的大志。他和祖逖同为"司州三簿",两人有很深的友谊,常常同卧一床,闻鸡起舞,互相激励,后来,祖逖被朝廷封为奋威将军,派到北方抗击异族侵略者去了。刘琨心急如火,写信给亲戚朋友说:"我每日都是枕戈待旦,等待杀敌立功,报效朝廷的机会,可惜让祖逖先行一步了。"

刘琨不久被派往并州,当了刺史。当时那一带正在闹灾荒,饿死的人遍地都是,百姓流离失所,外出逃荒,盗贼也猖獗起来,搅得地方上很不安宁,刘琨招募了一千人,领他们去平定盗匪,保护百姓不受骚扰;同时,又动员百姓耕种土地,掩埋尸体;社会秩序终于渐渐安定下来。

后来,胡人骑兵来侵犯并州,包围了晋阳城。城内兵力很少,难以退敌,老百姓都十分着急。刘琨却非常镇静,晚上他乘着月光,登上城楼,吹起箫来。那箫声悲悲切切,如泣如诉,勾起了胡兵的思乡之情。他们静静地倾听着,百里营地竟没有一点儿声息。半夜,刘琨又吹起了胡笳,这边塞异族的曲调更引得胡兵的喟然长汉,不少人流下了眼泪。天快拂晓的时候,刘琨再一次吹响了箫,那哀婉凄楚的曲调牢牢牵动着胡兵支离破碎的心,他们不忍再听下去,纷纷骑着马奔驰而去了。

赏析

没有人知道机会什么时候光顾,而我们能做到的只是在机会来临之前做好一切准备。不然当它来临的时候才发现自己还不足够有能力去把握住它,机会来了也是白费。

而当一个人拥有了远大抱负,并为之勤学苦练,增强自己各方面的技艺,时刻做好准备时,机会的来临就让成功变得顺其自然了。我们要懂得忍耐一时,要为长远作打算,等到应该出手的时候就迅速抓住机会。

语出——《左传》

走路时脚抬得很高，神气十足。形容骄傲自满，得意忘形的样子。

屈瑕是春秋时期楚武王的大将，他在楚国面临四个小国联合进攻之时，领兵攻打勋军，第二年又攻打绞军，连连获胜，很得楚王的欢心。从此，他便以"常胜将军"自诩，心高气傲，好不得意。

公元前699年，屈瑕率楚国攻打罗国，楚国的另一位将领斗伯比为他送行，返回时对驾车的人说："看屈瑕趾高气扬的样子，这次出征必定打败仗！他太骄傲，太不把敌人放在心上了，怎么可能胜对方呢？"

回到宫里，斗伯比立即去见楚武王，说："请您赶快派兵去援救屈瑕吧！"楚武王没有立即答复，而是去找他的夫人邓曼商量。邓曼想了一会儿，对楚武王说："我看斗伯比的话有道理。他的意思是说屈瑕自以为是，居功自傲，过于轻敌，此次出征恐难取胜。您立即马上派兵接应，避免失利。"楚武王恍然大悟，赶紧派兵追去，可是已经迟了。

屈瑕把兵马带到鄢水河边，让士兵们乱七八糟地渡过河去。到了对岸，也不整理队伍，散散漫漫地一路走去。早有防备的罗军和另一个小国卢戎的军队两面夹攻，把楚军打得大败。屈瑕无脸再去见楚武王，一个人跑到山谷里上吊自尽了。事后，楚武王沉痛地自责道："这是我的过错呀！我没有征求大家的意见，就派了屈瑕为将率军作战，才导致了今天的失败！"

赏析

　　不管是怎样的成功,背后总是需要付出努力,越大的成功背后付出的努力越多。那些因为自己取得过几次成绩就忘乎所以的人是不可能一直成功的,一旦对自己松懈,开始骄敛,甚至目中无人的时候,就已经是失败的开始了。而另一些自以为判断正确就忽略他人意见的人,最终会因为他们的自作聪明害了自己更害了他人。

　　其实,成功的每一步都需要脚踏实地,切记不可过于骄傲、得意忘形,那样只会马失前蹄。

指鹿为马　　语出——《史记》

释义

指着鹿,说是马。比喻故意颠倒黑白,混淆是非。

故事

　　秦始皇死后,宦官赵高想乘机图谋不轨,篡夺朝中大权,因此他隐瞒了秦始皇的死讯,并且假传圣旨,令秦始皇的长子扶苏自杀,次子胡亥立为太子,然后才宣布国丧。这以后,赵高就扶助胡亥当上了皇帝(即秦二世),而他自己,则当仁不让地做上了丞相,掌握了秦朝的军政大权。

　　赵高的野心越来越大，逐渐起了篡夺皇位的歹念。但他尚存顾虑，摸不透朝廷上的百官会不会服从他。于是，他日思夜想，绞尽脑汁，终于想出一个坏主意。

　　有一天上朝的时候，赵高牵来一头鹿，对秦二世说："我将这匹马献给皇上。"秦二世笑道："丞相在跟我开玩笑吧，明明是一头鹿，怎么说是一匹马呢？"

　　赵高严肃地说："谁敢同皇上开玩笑呀！这明明就是一匹马嘛。皇上如果不信，可以问问朝廷上的百官，看我说的对不对。"

　　秦二世胡亥这一下可真的怀疑起自己的眼睛来了。他用征询的目光扫了一周，然后问道："你们看究竟是鹿还是马呢？"

　　赵高的亲信和许多趋炎附势的臣子迭声答道："丞相说得对呀，这的确是一匹马呀！""没错，就是一匹马嘛！"另一些正直的臣子，不愿说昧良心的话，颠倒是非，却又怕得罪了赵高会惹出大祸来，便干脆不做声。只有少数不惧怕赵高的大臣，敢于在朝上戳穿赵高"指鹿为马"的谎言。赵高恨得咬牙切齿，暗暗记下了他们的名字，后来就千方百计地整治他们，陷害他们，使他们一个也没有逃脱死亡的厄运。

 赏析

　　世界，本来是有黑白之别的，但是很多人却看不清黑白，甚至混淆了黑白。在这个复杂而多元化的社会，竞争也越来越激烈，有些人会为了谋取利益而不择手段，忘掉了正义和是非。

　　作为年轻人，在我们走向社会前，我们要让自己有足够强大的实力去做一个有能力有正义感的智者，这样才不会掉入那些投机取巧之人的陷阱。只要我们心中有日月，内心就是有正义的信念，看到的世界就会是黑白分明的。

州官放火

语出——《老学庵笔记》

释义

比喻反动统治者可以任意做坏事，而百姓的正当言行却受到种种限制。

故事

有个宋朝的州官田登，一贯横行霸道，飞扬跋扈，人们都很痛恨他。

田登自以为是一州之长，至高无人，竟不许州内的老百姓说出与"登"字同音的字，不管是写文章或谈话，凡遇到与"登"的同音字，都必须用别的字来代替。比如"点灯"只能说成是"点火"，元宵节放花灯，只能说"放火"。谁要是触犯了这个规矩，轻则鞭抽棍打，重则判刑坐牢。好些小官吏都因此挨过板子，更不要说老百姓了，弄得州内人人提心吊胆，生怕一不小心说漏了嘴。

每一年的正月十五元宵节，城里有钱有势的人家都要放灯，就是点着各式各样的花灯，通宵让人观赏。这一年，田登假惺惺地允许老百姓进城观灯，还特地命令手下人在街上张贴布告。可是布告中要写"灯"字，这可怎么办呢？写布告的小官吏是挨过田登板子的，再也不敢犯忌了，便在布告中写道："元宵节晚上，本州照例放火三日。"布告贴到了大街上，外地的客人不了解内情，看了布告大吃一惊，以为一定发生了什么不寻常的事儿，赶紧向别人打听原因。被问的人，开头都不敢直说，唯恐让田登知道了又要受罚。后来，经不住客人的再三追问，才悄悄将本州的忌讳一五一十说了一遍。客人听后，又好气又好笑，挖苦道："这真是'只许州官放火，不许百姓点灯'呀！"

赏析

　　每个人都有自己的喜好,而每个人的喜好也并非都相同,假如人人都以自己的喜好和习惯去要求他人,社会怎么可以达到和谐? 古人说过:"己所不欲勿施于人",有些就连自己也做不到的事情甚至不愿意做的事情怎么还能去要求别人做。人们总习惯从自己的角度出发去思考问题,并不会为他人做过多的考虑,不知道自己一些细微的举动其实会对他人造成很大的影响。

　　所以在做决定之前先为他人想想,也许只是一些小小的改变就能为他人减少很多不必要的麻烦。

 **煮豆燃萁**　　语出——《世说新语》

 释义

用豆萁作燃料煮豆子。比喻兄弟间自相残杀。

 故事

　　三国时期,曹操和他的儿子曹丕、曹植都是著名的文学家。曹植十几岁时,写了一篇文章,曹操看了表示怀疑,问:"这是你请人代写的吧? "

曹植答道:"儿出口成章,怎么会叫人代写呢？父王若不信,可以面试。"曹操面试了他几次,果然觉得他才华出众,因此对他特别偏爱,多次想立他为太子,只因有的大臣反对,事情才没有定下来。为此,曹丕非常嫉恨曹植。

曹操死后,曹丕接替父亲当了魏王。他对曹植始终耿耿于怀,总想找个借口,置曹植于死地。不久,机会来了。

曹植在文学上出类拔萃,但在生活上却不拘礼节。有一次,他竟在王宫里坐着马车,私自打开王宫外门出去,严重违反了宫里的规矩。他还经常喝酒,喝醉了就骂人。这些都被密报到曹丕那里,曹丕就派人把曹植抓了起来,要办他的死罪。

太后知道了十分着急,赶去为曹植求情,要曹丕看在兄弟的份上,宽恕曹植。然而曹丕不肯轻易放过曹植,叫人将曹植押到殿上,冷冷地说:"人人都称赞你最有文才,我限你在七步之内做出一首诗来,若是做不出,我就处死你。"

曹植思索片刻,就走一步吟一句,做出了下面这首诗:

煮豆持作羹,漉菽以为汁;

萁在釜下燃,豆在釜中泣。

本是同根生,相煎何太急！

诗的大意是:把豆子煮了做成汤,把豆子磨了做成汁。豆秸在锅底下燃烧,豆子在锅中哭泣。本来是一个根上生出来的,为什么要如此煎熬、相逼太甚！

曹丕听了,觉得自己对弟弟也逼得太狠了,再加上母亲的求情,不得已免去了曹植的死罪。但自此以后,他一直不重用曹植,致使曹植忧郁而死。

赏析

人们总说血浓于水,因为同是一个父母所生,体内流淌的是同样的血,那份不可磨灭的亲情是永远存在的。而亲情远高于其他任何一种感情,是不可替代,也不可选择的。这样一种至亲的感情是无私的,不应该有猜疑,也不应该存在利益之争,如彼此都为对方考虑,视对方的利益为自己的利益才能消除隔膜,长久地融洽相处,同时也能更加快乐平和。父母的爱无私却不能相伴永远,他们终会老去,需要你们去照顾,而兄弟姐妹之情会维持得更久,也许会是一生为你点亮的明灯。

自惭形秽　　语出——《晋书》

 释义

原指因自己容貌举止不如别人而感到羞愧。后泛指因不如别人而感到惭愧。

 故事

西晋怀帝的时候,有位出身于世宦之家的年轻人,名叫卫玠。

卫玠自幼就相貌不凡:皮肤又白又嫩,五官端端正正,生得十分漂亮,

人见人夸。五岁那年，卫玠的祖父卫瓘抱着他高兴地说："我这个孙子长得的确与众不同，将来一定有出息。可惜我年龄大了，等不到那一天啦……"

卫玠懂事之后，有一次上街，路上见到了都赞叹道："快来看呀，这个娃娃多漂亮哟，真像是用玉雕琢成的人啊！"顷刻之间，人们一齐涌了过来，争着要看卫玠。

卫玠不仅相貌好，而且风度也好。他待人接物，说话走路，都别有一番风韵，他的舅舅王济是朝廷的骠骑将军，也是一位英俊潇洒、风度翩翩的男子汉。但是一见到卫玠，他就不由得感慨起来："我跟卫玠走在一起，就觉得身旁有一颗珠玉在闪烁，真是自惭形秽呀！"

卫玠喜好玄学，谈起来滔滔不绝，头头是道，连当时名声很大的王澄也很佩服他。魏晋时期的名士就喜欢这种不切实际的"清谈"，王澄、王玄、王济因此被世人称为"三王"。但是人们却说："王家三子，不如卫家一儿。"

卫玠的名声渐渐大了以后，朝廷就请他出来做官。他再三推辞也推不掉，不得已才做了太子洗马，可不久又辞官走了。

后来，卫玠到了建业（今江苏省南京市）。建业人早听说过他的非凡英姿，都想一睹为快。所以，只要他一出门，就被人们团团围住，挤得水泄不通。遗憾的是，卫玠的身体过于单薄，经不起这般折腾，只活到二十七岁，就突然死去了。有人说，卫玠是被人"看死"的。

 赏析

遇到那些相貌出众的人，我们大可以欣赏，但是不要拿别人的外在条件来对比自己。那些天生的东西，是不可以改变的，我们没有必要为此伤怀。

而遇到那些才华卓越的人，我们也没有必要暗自神伤，如果对方是天才，我们可以感叹。如果他们是因为勤奋而获得的才华，我们就更应该尊敬。

其实，后天的努力是大家都可以做到的，如果连努力都做不到，那在别人面前感到自惭形秽也就不足为怪了。